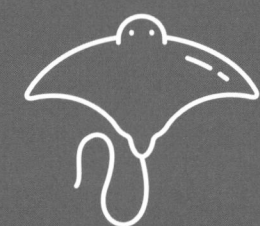

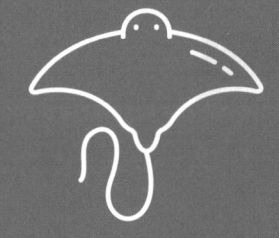

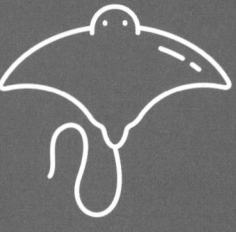

첨벙! 푸른 바닷속 생물 탐험

클라우디아 마틴 선생님은
영국의 논픽션 전문 작가이자 편집자입니다. 과학, 기술, 역사, 지리에 관한 다양한 어린이책을 썼습니다. 지은 책으로는
《살아 있는 세계 역사 박물관》, 《진짜 진짜 재밌는 거미 그림책》 들이 있습니다.

김아림 선생님은
서울대학교 생물교육과를 졸업하고 같은 대학원에서 과학사 및 과학철학 협동과정 석사 학위를 받았습니다.
대학원에서는 생물학의 역사와 철학, 진화생물학을 공부했습니다. 현재 번역 에이전시 엔터스코리아에서 번역가로 활동
중이며, 옮긴 책으로는 《조개는 왜 껍데기가 있을까?》, 《세상의 모든 딱정벌레》, 《가장 완벽한 지구책》, 《빅뱅이
뭐예요?》, 《뷰티풀 사이언스》 들이 있습니다.

처음 찍은 날 | 2022년 6월 10일   처음 펴낸 날 | 2022년 6월 30일
글쓴이 | 클라우디아 마틴   옮긴이 | 김아림

펴낸이 | 김태진
펴낸곳 | 다섯수레

기획편집 | 김경희, 김시완, 정헌경, 송미경, 서해나, 유슬기   디자인 | 김지혜, 김다운
마케팅 | 이운섭, 천유림   제작관리 | 김남희

등록번호 | 제3-213호 등록일자 | 1988년 10월 13일
주소 | 서울시 마포구 동교로 15길 6 (서울 사무소)
전화 | (02) 3142-6611 팩스 | (02) 3142-6615
인쇄 | ㈜로얄 프로세스

ⓒ 다섯수레, 2022

ISBN 978-89-7478-457-7 74030
ISBN 978-89-7478-424-9(세트)

Children's Encyclopedia of Ocean Life

Copyright © Arcturus Holdings Limited www.arcturuspublishing.com
Korean translation Copyright © 2022 Daseossure License arranged through KOLEEN AGENCY, Korea.
All rights reserved.

이 책의 한국어판 저작권은 콜린 에이전시를 통해 저작권자와 독점 계약한 다섯수레에 있습니다.
신 저작권법에 의해 한국 내에서 보호를 받는 저작물이므로 무단 전재와 무단 복제를 금합니다.

알고 있나요? ❻ 바닷속 생물

첨벙! 푸른 바닷속 생물 탐험

클라우디아 마틴 글 | 김아림 옮김

다섯수레

차례

물속 세계 6

제1장 :: 바닷속 세상

5개의 대양	8	해양 파충류	18
풍요로운 생명	10	바닷새	20
해양 무척추동물	12	먹이 사슬	22
어류	14	포식자와 먹잇감	24
해양 포유류	16	위험에 빠진 해양 생물들	26

제2장 :: 바닷속 서식지

바다의 여러 구역	28	해초대	38
바닷가	30	산호초	40
바위 해안	32	극지방의 바다	42
맹그로브 숲	34	심해	44
켈프 숲	36	열수 분출공	46

제3장 :: 무척추동물

산호충류	48	이매패류	58
해파리	50	바다 민달팽이와 바다 달팽이	60
문어와 오징어	52	불가사리	62
게	54	해삼과 성게	64
바닷가재와 새우	56	바다에 사는 벌레들	66

제4장 : 어류

사냥꾼 상어	68	복어목	78
먹이를 걸러 먹는 상어들	70	쥐돔과	80
가오리류	72	쏨뱅이목	82
가자미	74	실양태	84
해마	76	새치류	86

제5장 : 포유류

수염고래	88	북극곰	98
이빨고래	90	수달	100
돌고래	92	바다코끼리	102
쇠돌고래	94	바다표범	104
바다소	96	물갯과	106

제6장 : 파충류와 조류

바다거북	108	슴샛과	118
악어와 도마뱀	110	가마우짓과	120
물떼새류	112	바다오리	122
왜가리류	114	퍼핀류	124
갈매깃과	116	펭귄	126

물속 세계

바다는 지구에서 생명체가 살아가는 공간의 90퍼센트를 차지할 만큼 드넓고 깊어요. 바닷물은 수많은 생물에게 먹이와 이동 수단, 은신처 그리고 생명을 제공하지요. 해저에서 종종걸음을 치는 바닷가재에서부터 파도 위로 높이 솟구쳐 나는 갈매기에 이르기까지요.

다양한 서식지

파도가 쏴아 밀려드는 바닷가, 어두컴컴한 해저, 거대한 산호초, 극지방의 얼음까지 바다 서식지는 아주 다양해요. 어떤 곳은 동물들이 파고 들어갈 부드러운 모래나 몸을 숨길 해초가 있어 아늑한 쉼터가 되어 주지요. 그리고 모든 서식지는 동물들에게 정어리나 해조류 같은 풍성한 먹이를 제공해요.

배 쪽이 녹슨 듯한 붉은색을 띠는 비늘돔은 인도양의 산호초에서 살아요.

비늘돔은 입이 앵무새의 부리처럼 생겼어요. 날카로운 이빨로 산호초에서 해조를 긁어내지요.

맹그로브게는 포식자의 눈을 피하기 위해 바닷가를 따라 펼쳐진 축축한 진흙 속으로 굴을 파고 들어가 몸을 숨겨요. 그러다 배가 고프면 식물이나 작은 동물을 먹기 위해 땅 위로 다시 올라오지요.

다양한 생김새

해양 생물은 그들의 서식지에서 살아가기 적합하도록 진화했어요. 예를 들어 깊은 바닷속에 사는 물고기들은 대부분 눈이 커서 흐릿한 물속에서도 앞을 잘 볼 수 있어요. 펭귄은 꽁꽁 얼 정도로 차가운 바닷물에서도 체온을 유지할 수 있도록 몸속에 두꺼운 지방층이 있지요. 동물들의 몸을 연구하다 보면 그 동물이 어떤 방식으로 이동하는지도 알 수 있어요. 돌고래는 탁 트인 넓은 바다에서 빠르게 헤엄칠 수 있도록 매끈한 몸통을 가졌어요. 새날개갯지렁이는 바다 밑바닥에 자신의 몸을 고정한 뒤 단단한 관 속에 들어가 안전하게 지내지요.

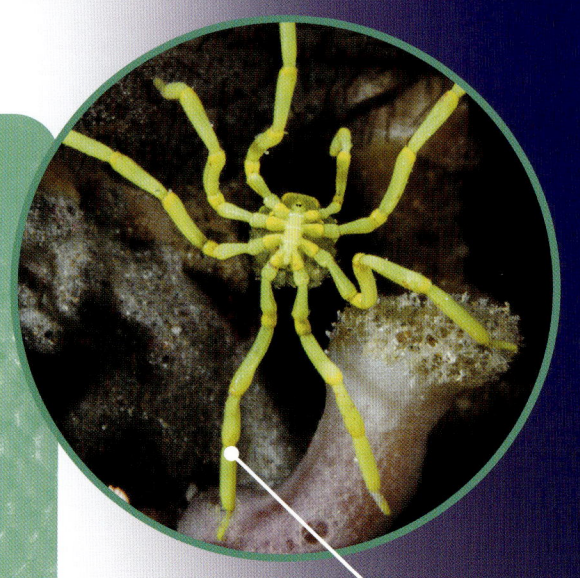

바다거미도 거미처럼 다리가 8개지만, 육지에 사는 거미와는 달라요. 바다거미는 다리를 휘저어 바닷속을 헤엄쳐 다니지요.

놀라운 생태

물고기들은 번식기가 되면 젤리 같은 알을 잔뜩 낳은 뒤 훌쩍 떠나요. 그에 반해 바닷새들은 껍데기가 단단한 알을 1~2개만 육지에 낳고, 새끼들이 혼자 사냥할 수 있을 때까지 정성껏 돌보아요. 그런데 쇠돌고래는 알이 아닌 새끼를 낳고, 빗해파리는 자신의 몸 일부를 쪼개 스스로 복제해요.

수컷 큰입후악치는 다른 물고기들과 달리 입속에 알을 담아 보살펴요.

이 비늘돔은 갈색을 띤 암컷으로 태어났지만 이후 성별과 몸 색깔이 바뀌었어요. 지금은 몸빛이 밝은 수컷이에요.

따로 또 같이

백상아리는 보통 혼자서 사냥해요. 반면 쥐돔은 무리를 지어 다니지요. 고래도 무리를 지어 생활하면서 휘파람 소리를 내고, 딱딱거리고, 노래를 불러서 의사소통을 해요. 바닷새들은 무리가 함께 둥지를 틀어 시끌벅적하게 지내는 경우가 많지만, 신천옹은 바닷속에 먹잇감이 있나 살피면서 혼자 날아다녀요. 그리고 산호는 똑같이 생긴 산호충 수천 개가 군집을 이루고 살아가지요.

바다에 사는 동물들은 서로 장난치고 노는 일이 거의 없어요. 하지만 바다표범을 비롯한 포유류는 함께 노는 것을 즐겨요.

제1장 바닷속 세상

5개의 대양

지구 표면의 약 71퍼센트는 물이에요. 이 가운데 97퍼센트가 짠물이지요. 강, 연못, 호수 같은 민물은 고작 3퍼센트밖에 되지 않아요. 짠물은 5개의 드넓은 대양을 채우고 있지요.

바닷물은 왜 짤까?

바닷물 속에는 나트륨과 염화물이 들어 있어요. 두 성분이 합쳐져서 염화나트륨이 되는데 바로 소금이지요. 소금을 이루는 입자들은 '풍화 작용'을 통해 바다에 도달해요. 비가 내리면 공기 중의 이산화탄소가 빗물에 모이는데, 이산화탄소는 물과 섞여서 탄산을 만들지요. 산은 여러 물질을 녹이기 때문에 빗물이 바위 위로 흐르면 나트륨과 염화물 같은 작은 입자들이 녹아서 함께 휩쓸려 가요. 이 입자들은 강과 시냇물을 거쳐 바다로 운반되지요.

북극해는 겨울이 되면 거의 얼음으로 뒤덮여요.

태평양은 대양 중에 가장 넓고 깊어요. 평균 깊이가 4,000미터에 이르지요.

태국 빠따니의 한 바닷가에서 소금을 모으고 있어요. 뜨거운 햇볕에 바닷물이 증발하면 그 자리에 고체인 소금이 남지요.

인도양에 자리한 몰디브 제도

오대양의 면적 알아보기

태평양 : 1억 6,872만 3,000제곱킬로미터
대서양 : 8,513만 3,000제곱킬로미터
인도양 : 7,056만 제곱킬로미터
남극해 : 2,196만 제곱킬로미터
북극해 : 1,555만 8,000제곱킬로미터

알고 있나요? 대양에 녹아 있는 소금을 육지에 고르게 펼치면 그 두께가 무려 150미터가 넘어요.

바닷물은 왜 움직일까?

바닷물은 끊임없이 움직여요. 바람이 바닷물의 표면을 스치며 불 때 파도가 일어나지요. 이렇게 생겨난 파도는 바다를 따라 이동하다가 바닷가에서 둥그렇게 말리듯이 부서져요. 그리고 일정한 방향과 속도로 이동하는 바닷물의 흐름을 해류라고 하지요. 해류는 바람에 의해 생기기도 하고, 물의 온도 차이에 따라 생겨나기도 해요. 바닷물의 표면과 가깝거나 적도 근처인 경우 바닷물이 따뜻해지는데, 따뜻한 물이 위쪽으로 올라가면 차가운 물은 아래로 가라앉으면서 지구 전체에 거대한 움직임이 일어나요.

북반구에서는 주요 해류들이 시계 방향으로 흐르지만 남반구에서는 반시계 방향으로 흘러요. 지구가 자전하기 때문이지요. 자전에 의해 적도 북쪽에서는 바닷물과 바람이 오른쪽으로 이동하지만, 적도 남쪽에서는 반대 방향으로 이동해요.

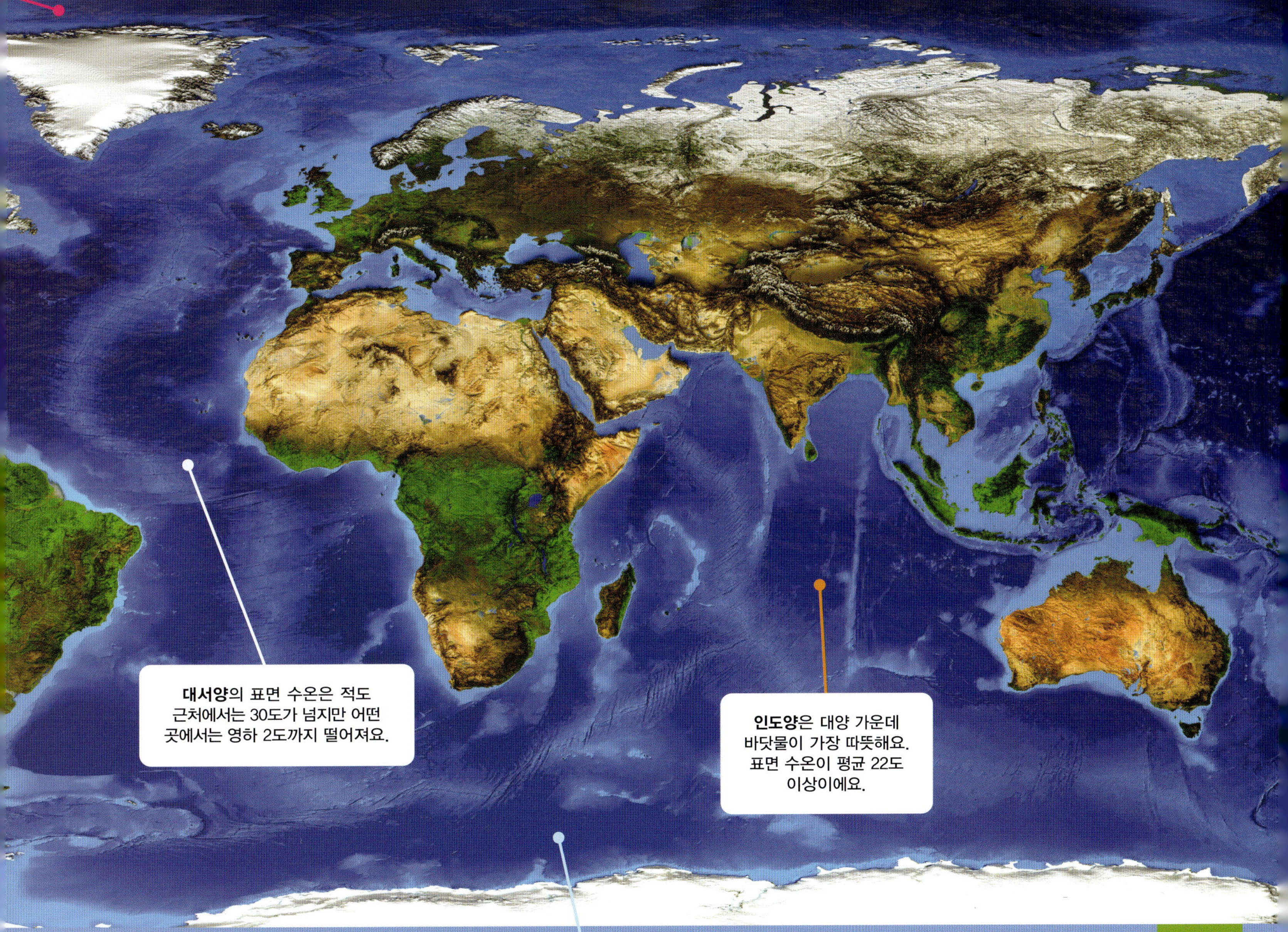

대서양의 표면 수온은 적도 근처에서는 30도가 넘지만 어떤 곳에서는 영하 2도까지 떨어져요.

인도양은 대양 가운데 바닷물이 가장 따뜻해요. 표면 수온이 평균 22도 이상이에요.

남극해는 남극 대륙을 둘러싸고 있는 바다예요.

풍요로운 생명

지금으로부터 약 40억 년 전에 바다에서 최초의 생명체가 나타났어요. 사람의 맨눈으로는 보이지 않는 아주 작은 미생물이었지요. 오늘날 대양에서 살아가는 해양 생물을 모두 합한 무게의 약 70퍼센트는 미생물이에요. 미생물보다 큰 생물에는 동물, 식물, 균류가 있어요.

생물의 계

생물체를 구성하는 기본 단위인 '세포'의 수나 유형에 따라 서로 다른 '계'로 나뉘어요. 각각의 계에는 바닷속이나 바다 근처에 사는 해양 생물도 포함되어 있어요.

계 세균과 고세균
세포 하나의 단순 세포
특징 자기 몸의 일부를 쪼개서 번식해요.
길이 0.00015~0.015밀리미터

현미경으로 본 남세균

계 식물
세포 여러 유형의 복합 세포
특징 햇빛을 받아 광합성으로 양분을 만들고, 움직이지 못해요.
길이 0.002밀리미터~115미터

퉁퉁마디

계 균류
세포 하나 또는 여러 개의 복합 세포
특징 외부에서 양분을 흡수하며 스스로 움직이지 못해요.
길이 0.005밀리미터~3킬로미터

균류와 남세균이 함께 살면서 형성된 지의류

계 동물
세포 여러 유형의 복합 세포
특징 산소를 들이마셔 호흡하며 움직일 수 있지만, 스스로 양분을 만들지 못해요.
길이 0.008밀리미터~37미터

공작갯가재

계 원생 동물
세포 하나의 복합 세포
특징 양분을 만들지 못하며 보통 스스로 움직여요.
길이 0.001밀리미터~20센티미터

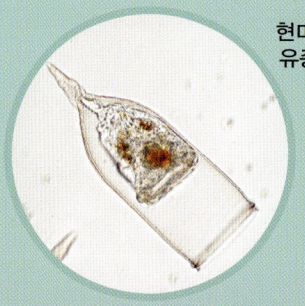
현미경으로 본 유종섬모충류

계 유색조 식물
세포 한 가지 유형의 복합 세포
특징 햇빛을 이용해 스스로 양분을 만들어요.
길이 0.001밀리미터~45미터

푸쿠스의 조류

알고 있나요? 지금까지 발견된 해양 생물은 약 25만 종이에요. 하지만 과학자들은 아직 발견되지 않은 종이 최소 75만 종은 될 거라고 추측해요.

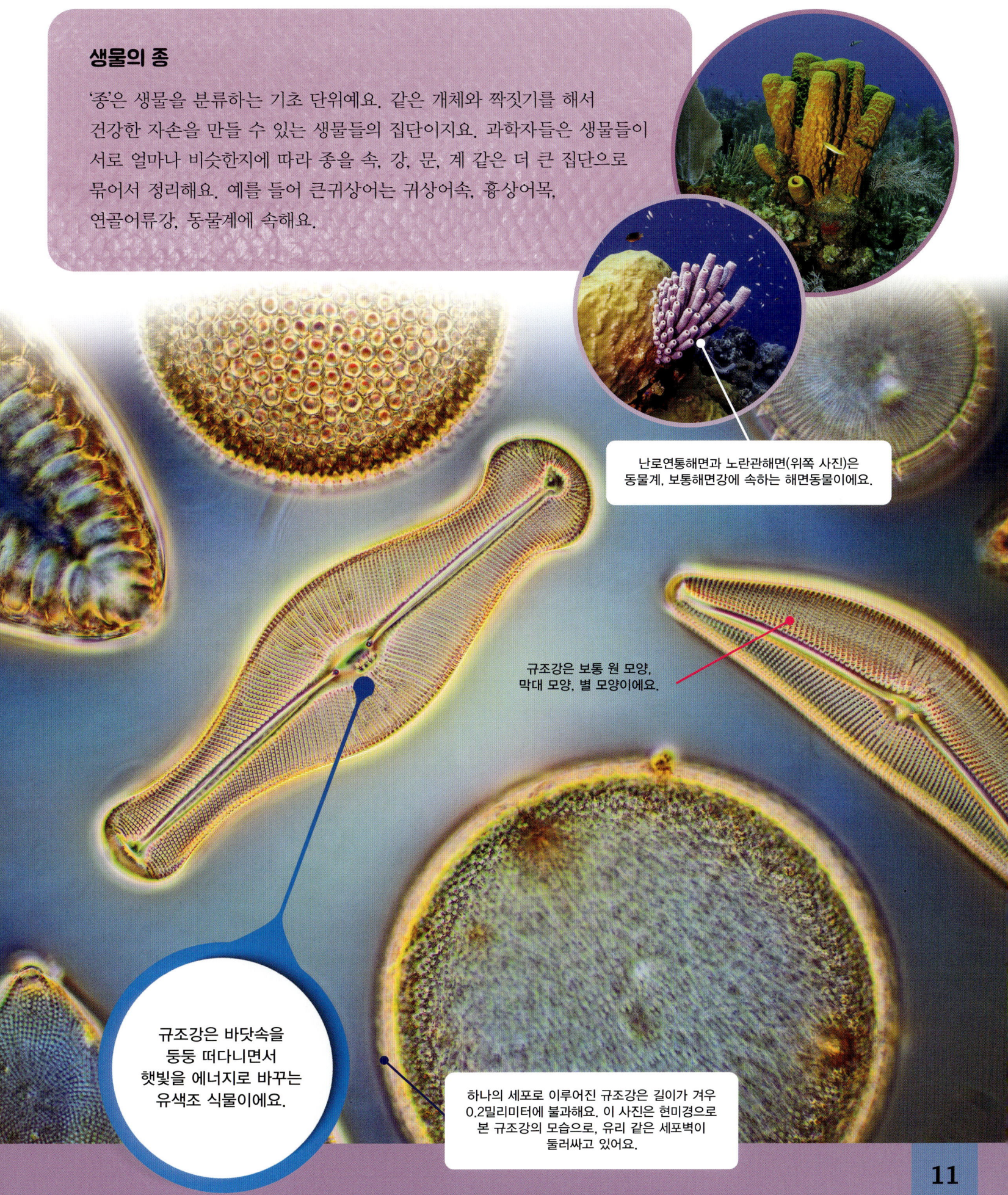

생물의 종

'종'은 생물을 분류하는 기초 단위예요. 같은 개체와 짝짓기를 해서 건강한 자손을 만들 수 있는 생물들의 집단이지요. 과학자들은 생물들이 서로 얼마나 비슷한지에 따라 종을 속, 강, 문, 계 같은 더 큰 집단으로 묶어서 정리해요. 예를 들어 큰귀상어는 귀상어속, 흉상어목, 연골어류강, 동물계에 속해요.

난로연통해면과 노란관해면(위쪽 사진)은 동물계, 보통해면강에 속하는 해면동물이에요.

규조강은 보통 원 모양, 막대 모양, 별 모양이에요.

규조강은 바닷속을 둥둥 떠다니면서 햇빛을 에너지로 바꾸는 유색조 식물이에요.

하나의 세포로 이루어진 규조강은 길이가 겨우 0.2밀리미터에 불과해요. 이 사진은 현미경으로 본 규조강의 모습으로, 유리 같은 세포벽이 둘러싸고 있어요.

해양 무척추동물

지금으로부터 약 5억 8,000만~5억 5,000만 년 전에 바닷속에 최초로 동물이 나타났어요. 이 시기에 등장한 해양 생물들은 등뼈가 없거나 몸속에 뼈가 전혀 없는 무척추동물이었지요. 하지만 이 동물들은 뼈가 없다는 공통점을 빼면 서로 무척 달라요.

빗해파리는 몸 표면에 빗살 모양의 빗판이 있는 유즐동물문에 속해요.

다양한 형태의 몸

등뼈를 가진 어류, 포유류, 파충류, 양서류, 조류는 하나의 '문'으로 묶여요. 반면 무척추동물은 몸의 구성 방식에 따라 31개의 '문'으로 나뉘지요. 선충 같은 몇몇 무척추동물은 몸이 정말 부드러워요. 하지만 절지동물은 딱딱한 껍데기인 외골격으로 뼈가 없는 몸을 보호하지요. 게와 바닷가재가 바로 이 절지동물에 속해요. 또 다른 무척추동물인 연체동물은 근육질로 이루어진 '외투막'이 몸을 감싸 주어요. 달팽이나 조개 같은 몇몇 연체동물들은 외투막에서 단단한 껍데기가 만들어지지요.

척추동물문인 피낭동물은 바위에 붙어 사는 관 모양의 동물이에요. 물과 조그마한 생명체들을 빨아 먹으면서 양분을 얻지요.

호랑이무늬토끼고둥은 연체동물문에 속하는 바다 달팽이의 한 종류예요.

화석 관찰하기

화석은 먼 옛날에 살았던 생명체들의 흔적이에요. 과학자들은 화석을 연구해 동물들이 어떻게 진화했는지 알아내지요. 그뿐만 아니라 화석을 통해 여러 동물 무리가 언제 처음 나타났는지도 알 수 있어요. 무척추동물의 화석 중 가장 오래된 것은 아주 원시적이고 단순한 형태의 해면동물이에요.

화석이 된 뇌산호예요. 자포동물문에 속하지요.

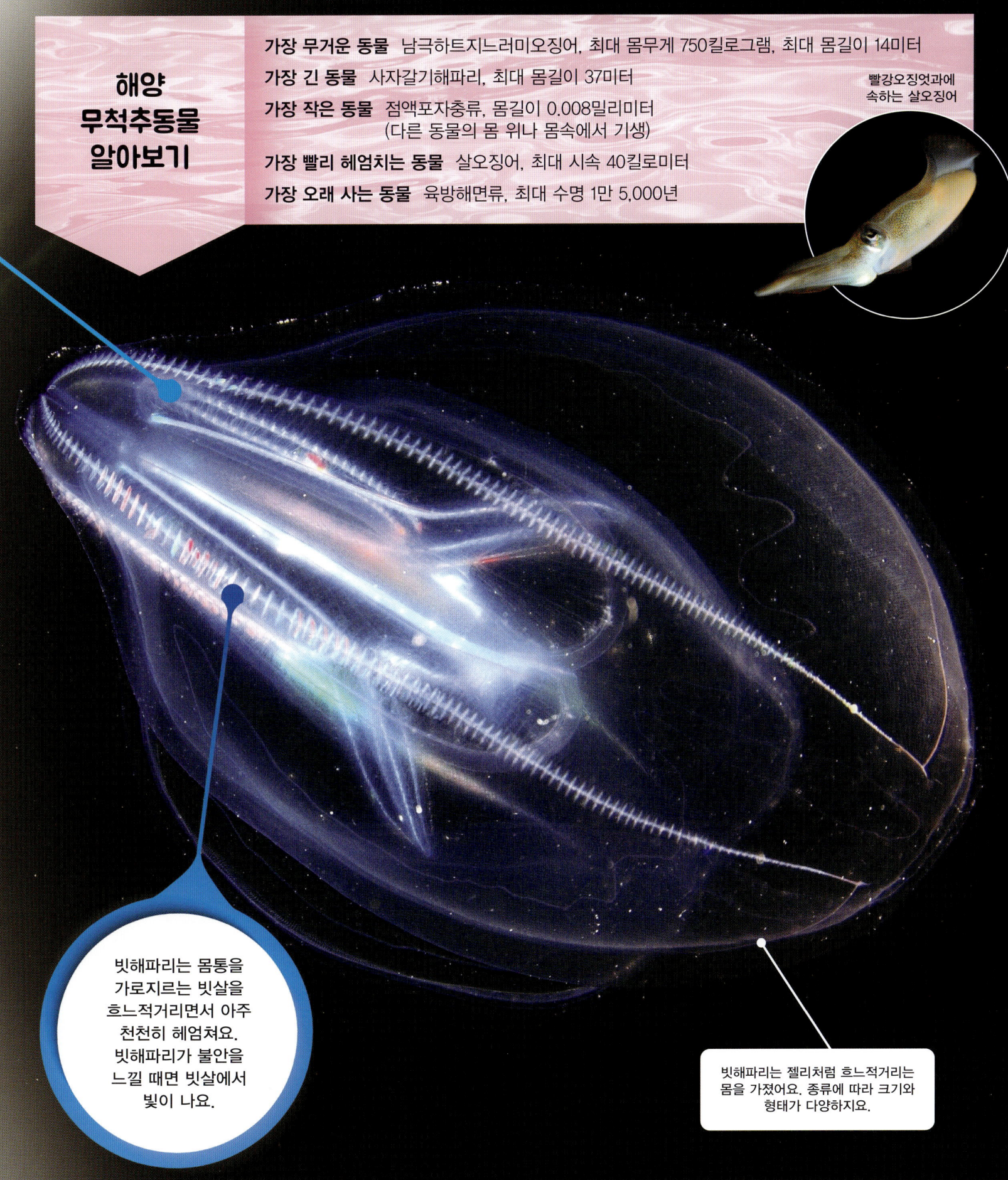

해양 무척추동물 알아보기

가장 무거운 동물 남극하트지느러미오징어, 최대 몸무게 750킬로그램, 최대 몸길이 14미터

가장 긴 동물 사자갈기해파리, 최대 몸길이 37미터

가장 작은 동물 점액포자충류, 몸길이 0.008밀리미터 (다른 동물의 몸 위나 몸속에서 기생)

가장 빨리 헤엄치는 동물 살오징어, 최대 시속 40킬로미터

가장 오래 사는 동물 육방해면류, 최대 수명 1만 5,000년

빨강오징엇과에 속하는 살오징어

빗해파리는 몸통을 가로지르는 빗살을 흐느적거리면서 아주 천천히 헤엄쳐요. 빗해파리가 불안을 느낄 때면 빗살에서 빛이 나요.

빗해파리는 젤리처럼 흐느적거리는 몸을 가졌어요. 종류에 따라 크기와 형태가 다양하지요.

알고 있나요? 무척추동물은 전 세계 바다와 그 근처에서 살아가는 동물의 약 96퍼센트를 차지해요.

어류

전 세계 바다에는 약 1만 6,000종의 어류가 살고 있어요. 어류는 아가미를 통해 물에서 산소를 얻어 호흡해요. 몸통이나 꼬리를 흔들어 헤엄을 치고 지느러미로 방향을 조종하지요. 그리고 단단한 비늘이 온몸을 뒤덮고 있어요. 하지만 모든 어류가 비늘을 가진 건 아니에요.

아가미로 숨쉬기

어류가 입을 통해 꿀꺽꿀꺽 삼킨 물은 아가미를 따라 흘러요. 그러면 아가미에 가득 차 있는 작은 혈관들이 산소를 빨아들이지요. 산소는 어류의 심장을 통해 온몸으로 전달돼요. 다 사용한 물은 아가미구멍을 통해 다시 밖으로 빠져나가지요.

어류의 부위별 명칭
1. 아가미
2. 심장
3. 배지느러미
4. 위
5. 뒷지느러미
6. 꼬리지느러미
7. 등지느러미

어류의 분류

어류는 크게 3가지로 분류되는데, 각각 몸의 특징이 달라요. 지구상에 최초로 등장해 진화한 원구류(무악어류)는 오늘날 대부분 멸종했어요.

원구류
특징 턱이 없어 깨물지 못해요. 그래서 먹이를 빨아들이는 방식으로 섭취하지요. 그리고 몸통이 길고 비늘이 없어요.
종 먹장어, 칠성장어

칠성장어의 입

연골어류
특징 잘 구부러지는 연골 뼈대를 갖고 있으며 턱이 발달했어요. 몸통에 이빨 모양의 비늘이 많이 돋아 있지요.
종 상어, 홍어, 가오리

환도상어

경골어류
특징 턱이 발달했으며 단단한 뼈대를 가졌어요. 비늘은 보통 서로 겹쳐 나고 매끄러워요.
종 그 밖의 모든 어류

노랑꼬리물퉁돔

어류 알아보기

가장 무겁고 긴 어류 고래상어, 최대 몸무게 2만 1,300킬로그램, 최대 몸길이 18미터
가장 긴 경골어류 리본이악어, 최대 몸길이 11미터
가장 작은 어류 심해아귀, 몸길이 6.2밀리미터
가장 빨리 헤엄치는 어류 흑새치, 최고 시속 105킬로미터
가장 오래 사는 어류 그린란드상어, 최대 수명 400년

리본이악어

얼게돔은 다른 경골어류와 마찬가지로 아가미 구멍이 단단한 덮개로 덮여 있어요.

얼게돔은 밤에 활발하게 활동하는 야행성 어류예요. 눈이 커서 빛을 많이 끌어모을 수 있어요.

머리의 양옆에 달린 가슴지느러미는 헤엄칠 때 방향을 이리저리 조종해 주어요.

알고 있나요? 암컷 개복치는 알을 아주 많이 낳아요. 최대 3억 개까지 낳지요.

해양 포유류

해양 포유류는 약 126종으로, 대부분의 일생을 바다에서 보내요. 그런데 포유류는 공기를 들이마셔 숨을 쉬어야 해서 주기적으로 바다 위로 올라오지요. 모든 포유류는 알이 아니라 새끼를 낳으며, 새끼에게 젖을 먹여요.

가족 이루기

해양 포유류는 새끼를 한 번에 1마리만 낳고 여러 달 또는 여러 해 동안 정성껏 보살펴요. 단, 북극곰은 새끼를 최대 3마리까지 낳을 수 있어요. 모든 해양 포유류는 소리를 내서 의사소통을 해요. 예를 들어 고래는 노래를 부르고 바다표범은 짖는 소리를 내서 동료들과 이야기하지요.

남아프리카물개는 여섯 달 동안 새끼에게 젖을 먹여요.

해양 포유류의 분류

해양 포유류에 속하는 동물들은 생물학 분류상 그리 가까운 사이가 아니에요. 서로 다른 무리에 속하기 때문에 생김새나 생태가 많이 다르지요.

고래목
- **특징** 결코 물을 떠나지 않아요. 유선형 몸통과 2개의 지느러미발을 가졌지요.
- **종** 약 85종의 고래류, 돌고랫과, 쇠돌고랫과

밍크고래

바다소목
- **특징** 역시 물속에서만 생활해요. 둥글둥글한 몸통에 2개의 지느러미발이 있지요.
- **종** 3종의 매너티와 1종의 듀공

서인도제도매너티

식육목
- **특징** 발톱과 송곳니가 날카로우며 다른 동물의 고기를 먹고 살아요. 지느러미발이 4개로, 육지에서도 생활해요.
- **종** 38종의 바다사자, 바다코끼리, 바다표범, 수달, 북극곰

지중해몽크물범

대서양알락돌고래는 다 자라면 몸에 반점이 생겨요. 암회색 등에는 흰 반점이, 흰 배에는 검은 반점이 나타나요.

돌고래들은 끽끽거리거나 틱틱거리는 소리, 휘파람 소리를 내서 소통해요.

새끼 돌고래는 몸통이 회색빛이 도는 흰색으로, 반점이 전혀 없어요. 최대 5년까지 어미의 보살핌을 받지요.

대왕고래

해양 포유류 알아보기

- **가장 무겁고 긴 동물** 대왕고래, 최대 몸무게 17만 3,000킬로그램, 최대 몸길이 33.6미터
- **가장 무겁고 긴 식육목 동물** 남방코끼리물범, 최대 몸무게 5,000킬로그램, 최대 몸길이 6.8미터
- **가장 작은 동물** 바다수달, 몸길이 53~87센티미터
- **가장 빨리 헤엄치는 동물** 참돌고래, 최고 시속 64킬로미터
- **가장 오래 사는 동물** 북극고래, 최대 수명 200년

알고 있나요? 포유류는 몸에 털이 자라요. 하지만 고래나 돌고래는 다 자란 성체가 되어도 털이 아예 없거나 거의 없지요.

해양 파충류

지구 역사상 최초의 파충류는 육지에서 살았어요. 그러다 약 2억 9,900만 년 전에서 2억 5,200만 년 전 사이에 일부 파충류가 바다 환경에 적응해 살기 시작했지요. 하지만 오늘날에는 약 1만 2,000종의 파충류 가운데 약 80종만이 바다에서 살아요. 파충류는 폐로 공기를 들이마셔 호흡해야 해서 물속에 있다가도 주기적으로 수면 위로 올라오지요.

해양 파충류의 분류

해양 파충류는 3개의 목으로 나뉘어요. 바다거북 7종이 포함된 거북목, 바다에 서식하는 악어 2종이 포함된 악어목, 1종의 바다이구아나와 약 69종의 바다뱀이 포함된 뱀목이에요. 뱀목의 동물들은 서로 겹쳐 난 작은 비늘이 피부를 보호하고, 거북목과 악어목의 동물들은 비늘 대신 갑이나 등딱지가 돋아나요.

다른 파충류와 마찬가지로 바다악어도 껍데기가 단단한 알을 육지에 낳아요. 새끼 바다악어는 주둥이 끝에 달린 뿔 같은 피부 조각(난치)을 사용해 알껍데기를 뚫고 나오지요.

바다뱀

바다뱀은 해양 파충류 중에서도 바다 환경에 가장 잘 적응했어요. 대부분의 해양 파충류들은 바닷가로 올라가 알을 낳고 휴식을 취하지만, 바다뱀은 물속에서 알을 낳아 새끼를 기르지요. 다만 바다뱀 중에 독을 지닌 바다독사는 육지로 올라가 알을 낳는다고 해요.

노랑입술바다독사는 날카로운 독니로 뱀장어나 물고기를 깨문 다음 독을 주입해 죽여요.

무늬가 화려한 바다뱀은 노처럼 생긴 꼬리로 헤엄쳐요. 숨을 쉬려면 수면 위로 올라가야 하지만, 피부를 통해서도 물속의 산소를 어느 정도 흡수할 수 있지요.

알고 있나요? 듀보이스바다뱀은 바다뱀 가운데 가장 위험하고 치명적인 독을 가졌어요. 다행히 독의 양이 적어 물려도 목숨을 잃지는 않아요.

노랑입술바다독사는 육지로 올라가 휴식을 취하면서 먹이를 소화시키고 알도 낳아요.

노랑입술바다독사는 1.42미터까지 자라요.

알에서 막 깨어난 새끼 장수거북이 바다로 향하고 있어요.

해양 파충류 알아보기

- **가장 무겁고 긴 동물** 바다악어, 최대 몸무게 1,360킬로그램, 최대 몸길이 6.3미터
- **가장 무겁고 긴 거북** 장수거북, 최대 몸무게 650킬로그램, 최대 몸길이 2.1미터
- **가장 작은 동물** 바다이구아나, 몸길이 29센티미터
- **가장 빨리 헤엄치는 동물** 장수거북, 최고 시속 35킬로미터
- **가장 오래 사는 동물** 바다악어, 최대 수명 100년 이상

바닷새

조류는 약 1억 7,000만 년 전에 파충류인 공룡에서 진화했어요. 육지에 껍데기가 단단한 알을 낳으며, 날개와 부리를 가졌고, 온몸이 깃털로 덮여 있어요. 바닷새들은 바다에 터전을 잡고 살면서 파도 아래나 바닷가에서 먹이를 구하지요.

바다에 적응한 몸

바닷새들은 해양 환경에서 살아가기 적합하도록 진화했어요. 특히 염분은 새들에게 위험하기 때문에 먹이와 함께 삼킨 염분을 머릿속의 분비선을 통해 제거하지요. 날개는 수면 아래에서 헤엄칠 때 유리하도록 노 모양이며, 먹이 사냥을 하러 바다 위로 멀리 날아다닐 수 있도록 날개폭(한쪽 날개 끝에서 다른 쪽 날개 끝까지의 길이)이 길어요. 또 대부분의 바닷새들은 발가락 사이에 얇은 막인 물갈퀴가 있어서 헤엄치는 데 도움이 되지요.

대서양퍼핀은 물고기를 사냥하기 위해 수심 68미터까지 잠수해요. 지느러미발 모양의 짧은 날개를 노처럼 사용하고, 물갈퀴가 달린 발로 방향을 바꾸며 헤엄치지요.

새끼를 보살피는 어미

바닷새들은 다른 새들에 비해 알을 적게 낳아요. 1년에 알을 1개만 낳는 바닷새들도 많지요. 새끼를 키우는 기간도 긴 편이에요. 특히 군함조가 평균 14개월 정도로 가장 길어요. 바닷새는 육지에 서식하는 새와 다른 생존 전략으로 살아가요. 폭풍우가 몰아치는 바다에서 새끼를 키우는 건 위험하고 꽤 힘들거든요. 또 새끼에게 줄 먹이를 사냥하기 위해 멀리까지 날아가야 하고요. 바닷새들은 이러한 사랑과 정성을 1~2마리의 새끼들에게 쏟아부어요.

푸른발부비새는 보통 2마리의 새끼를 키워요. 하지만 4~5일의 간격을 두고 부화하기 때문에 새끼 2마리를 동시에 돌보지는 않아요.

흰꼬리수리는 날개폭이 2.45미터로 수릿과 가운데 가장 길어요. 해안의 바위나 진흙 갯벌뿐만 아니라 내륙의 호수, 하천, 하구에서도 살지요.

다른 수릿과와 마찬가지로 부리가 구부러져 있어서 먹잇감을 물어뜯기에 적합해요.

수면 근처에서 날아다니다가 날카로운 발톱으로 물고기를 낚아채요. 이때 발만 물에 젖지요.

바닷새 알아보기

가장 무거운 새 황제펭귄, 최대 몸무게 45킬로그램, 최대 키 1.3미터
날개폭이 가장 긴 새 나그네앨버트로스, 최대 날개폭 3.7미터
가장 작은 새 작은바다제비, 날개폭 13센티미터
가장 빨리 헤엄치는 새 젠투펭귄, 최고 시속 36킬로미터
가장 오래 사는 새 레이산앨버트로스, 최대 수명 66년 이상

황제펭귄

알고 있나요? 북극제비갈매기는 평생 약 240만 킬로미터를 날아요. 매년 4~8월에 북극에서 여름을 보낸 뒤 남극으로 날아가 남반구의 여름을 지내느라 두 지역을 오가기 때문이에요.

먹이 사슬

먹이 사슬이란 생태계에서 서로 먹고 먹히는 생물 간의 관계를 말해요. 먹이 사슬의 맨 꼭대기에 있는 동물은 최상위 포식자 또는 '꼭대기 사냥꾼'이라고 해요. 이 동물은 몸집이 크고 사나워서 천적이 없지요.

에너지 생산하기

해양의 먹이 사슬을 보면 맨 아래에 광합성을 통해 햇빛을 양분으로 바꿔 스스로 먹이를 만드는 생물들이 있어요. 이러한 생산자는 대부분 남세균, 규조류 같은 미생물이거나 작은 식물이에요. 미생물들은 보통 스스로 움직이지 못해서 햇빛이 비치는 수면 근처를 둥둥 떠다니지요. 이런 미생물을 식물 플랑크톤이라고 해요. 식물 플랑크톤보다 더 큰 생산자로는 해초 같은 식물이나 조류 같은 유색조 식물이 있어요.

- 4차 소비자
- 3차 소비자
- 2차 소비자
- 1차 소비자
- 생산자

해양 먹이 사슬은 아주 작은 에너지 생산자부터 시작해요. 자연계의 모든 생물은 생산자, 소비자로서 서로 유기적으로 연결되어 있어요.

블랙프린스라고 불리는 요각류예요. 몸길이가 1센티미터 정도 되는 일종의 동물 플랑크톤이지요. 외골격이 아주 얇아서 안이 들여다보이는 절지동물이에요.

몸집이 가장 큰 최상위 포식자 알아보기

- **향유고래** 최대 몸길이 20.5미터
- **범고래** 최대 몸길이 9.8미터
- **바다악어** 최대 몸길이 6.3미터
- **백상아리** 최대 몸길이 6.1미터
- **뱀상어** 최대 몸길이 5.5미터

뱀상어

블랙프린스는 몸통에 가지처럼 붙어 있는 기관(부속지)을 흔들어서 몸을 움직여요. 하지만 물살을 거스르며 헤엄칠 정도로 힘이 세지는 않지요.

에너지 전달하기

먹이 사슬에서 생산자는 식물을 먹이로 삼는 동물에게 잡아먹혀요. 이때 생산자가 만든 양분이 동물에게 전달되지요. 이렇게 식물을 먹는 동물을 1차 소비자라고 해요. 1차 소비자는 대부분 물에 둥둥 떠다니는 동물 플랑크톤이에요. 동물 플랑크톤은 영어로 'zooplankton'이라고 하는데, '떠돌이 동물'을 뜻하는 고대 그리스어에서 유래했지요. 물론 동물 플랑크톤보다 몸집이 더 큰 1차 소비자도 있어요. 예를 들면 해초를 먹는 바다거북이지요. 먹이 사슬의 다음 단계인 2차 소비자는 동물을 먹는 육식 동물이에요. 육식 동물은 식물을 먹는 초식 동물로부터 에너지를 얻지요. 그리고 2차 소비자들도 더 큰 동물인 3차 소비자에게 먹힐 수 있어요. 3차 소비자도 4차 소비자에게 잡아먹히고요.

블랙프린스는 부속지를 사용해 식물 플랑크톤을 하루에 37만 마리나 잡을 수 있어요.

이 조그만 남극크릴새우는 남극해의 먹이 사슬에서 핵심적인 역할을 하는 무척추동물이에요. 식물 플랑크톤을 먹는 남극크릴새우는 고래, 바다표범, 오징어, 펭귄 들의 먹이가 되어 주지요.

알고 있나요? 남극크릴새우는 300조~400조 마리나 되며 이들을 전부 합치면 5억 톤에 달해요. 지구상에서 무게의 총합이 가장 많이 나가는 생물이지요.

포식자와 먹잇감

해양 동물의 절반 이상은 오랜 시간에 걸쳐 훌륭한 사냥꾼으로 진화한 포식자들이에요. 포식자는 먹잇감을 찾는 데 많은 시간을 쓰지요. 하지만 먹잇감이 되는 생물들도 그들만의 특별한 방어 기술을 터득했어요.

다양한 사냥 기술

포식자들은 2가지 사냥 기술을 써요. 바로 '숨어서 기다리기'와 '뒤쫓기'지요. 숨어 있던 포식자들은 먹잇감이 가까이 다가오기를 기다렸다가 거리가 좁혀지면 순식간에 덮쳐요. 이 포식자들은 위장 기술이 뛰어나서 몸의 색깔이나 생김새를 주위 환경과 비슷하게 만들지요. 한편 바다 밑바닥에 판 굴이나 바위 틈새에 몸을 숨기는 포식자들도 있어요. 반면, 돌고래는 뒤쫓는 방식으로 사냥해요. 먹잇감을 재빨리 쫓아가야 해서 헤엄치는 속도가 무척 빠르지요.

할리퀸고스트파이프피시가 바다나리류와 산호의 갈라진 가지 사이를 둥둥 떠다닐 때면 좀처럼 눈에 띄지 않아요.

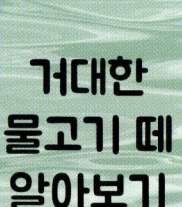

노랑씬벵이는 보통 물속에 떠다니는 모자반(해초)과 함께 표류해요. 노란색 몸통에 얼룩무늬가 있는데 환경에 따라 몸빛을 바꿔 위장하지요. 그리고 머리에 돋아난 긴 가시를 미끼처럼 사용해 물고기나 새우를 유인한 뒤 잽싸게 잡아먹어요.

거대한 물고기 떼 알아보기

- **대서양청어** 최대 40억 마리
- **태평양정어리** 최대 3억 마리
- **페루안초비** 최대 1억 마리
- **대서양고등어** 최대 100만 마리

정어리 떼

알고 있나요? 스피너돌고래는 서로 힘을 합쳐 사냥해요. 물고기 떼 주변을 빙글빙글 돌다가 천천히 좁혀 들어가서 물고기들이 옴짝달싹 못 하게 하지요.

다양한 방어 기술

천적을 피하는 가장 좋은 방법은 눈에 띄지 않는 거예요. 그래서 대부분의 해양 동물은 잘 위장하거나 밤에만 활동하지요. 또 다른 방어 기술은 무리를 지어 생활하는 거예요. 물론 떼를 지어 다니면 포식자들의 눈에 띌 가능성이 높지만, 혼자 돌아다니다가 맥없이 잡아먹힐 확률은 줄어들지요. 또 어떤 동물은 천적이 자기를 공격하거나 잡아먹기 힘들게 만들어요. 예를 들어 문어는 까만 먹물을 내뿜어서 천적의 주의를 흩뜨리지요. 성게는 온몸에 돋아난 날카로운 가시로, 복어는 몸속에 지닌 독으로 사나운 포식자를 위협하고요. 아마 이들에게 된통 당하고 나면 포식자들이 다시는 공격하지 않을 거예요.

흉내문어는 아주 독특한 방어 기술을 가졌어요. 자세를 바꾸고 몸을 이리저리 움직여서 아주 위험한 바다뱀인 척해요. 사진 속 흉내문어는 독이 있는 가자미 흉내를 내고 있어요.

할리퀸고스트파이프피시는 몸이 거의 투명하지만 주변 환경에 맞게 몇 시간 안에 몸 색깔을 바꿀 수 있어요.

할리퀸고스트 파이프피시의 위장 기술은 천적으로부터 자신을 보호하는 한편, 먹이 사냥을 위해 몸을 숨길 때도 유용해요. 새우가 가까이 다가오면 관 모양의 입으로 쪽 빨아들여요.

위험에 빠진 해양 생물들

> 나폴레옹피시는 사람들이 너무 많이 잡은 데다 지구 온난화 때문에 서식지인 산호초가 크게 파괴되어 멸종 위기에 놓였어요.

인간의 활동 때문에 바닷속 서식지가 많이 파괴되었어요. 그 결과 해양 생물 종이 급격히 줄고 있고 약 2,270종은 멸종 위기에 놓여 있지요. 이 가운데 상당수가 '멸종 위기종'이에요. 거의 사라지기 직전인 종들은 '심각한 멸종 위기종'이라고 해요.

서식지 훼손

사람들이 석탄이나 석유 같은 연료를 태우면 대기에 이산화탄소 같은 '온실 기체'가 방출돼요. 온실 기체는 지구에 흡수된 태양열이 다시 지구 밖으로 빠져나가는 것을 막아 지구의 온도를 높이지요. 이렇게 지구의 기온이 높아지는 '지구 온난화' 현상이 바다를 천천히 데우면서 극지방의 얼음이 녹고 산호초가 죽어 가고 있어요. 또한 사람들이 흘려 보낸 화학 물질과 쓰레기, 바닷가에 세워진 건물 때문에 동물들의 서식지가 파괴되고 훼손되어 그 문제가 매우 심각해요.

작은이빨톱가오리는 대서양의 따뜻한 해안을 따라 서식해요. 그런데 서식지 훼손과 무분별한 낚시 때문에 심각한 멸종 위기에 놓였어요. 톱가오리의 개체 수를 늘리기 위해 수족관에서 태어난 새끼 물고기를 바다에 놓아주고 있어요.

무분별한 어획

일부 해양 동물은 사람들이 지나치게 많이 잡아서 멸종되었어요. 대표적인 예가 18세기에 멸종된 대서양쇠고래예요. 현재 전 세계 많은 나라가 고래를 비롯해 멸종 위기에 놓인 종의 사냥을 금지하고 있어요. 하지만 여전히 많은 사람들이 식용으로 물고기들을 잡고 있지요. 새끼가 성체가 되어 번식할 틈도 없이 마구잡이로 잡히는 실정이에요.

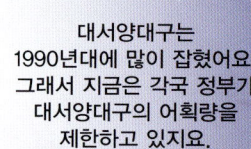

대서양대구는 1990년대에 많이 잡혔어요. 그래서 지금은 각국 정부가 대서양대구의 어획량을 제한하고 있지요.

켐프각시바다거북도 심각한 멸종 위기종으로 포획이 금지되어 있어요. 하지만 우연히 잡히거나 그물에 걸려 죽는 경우도 많아요.

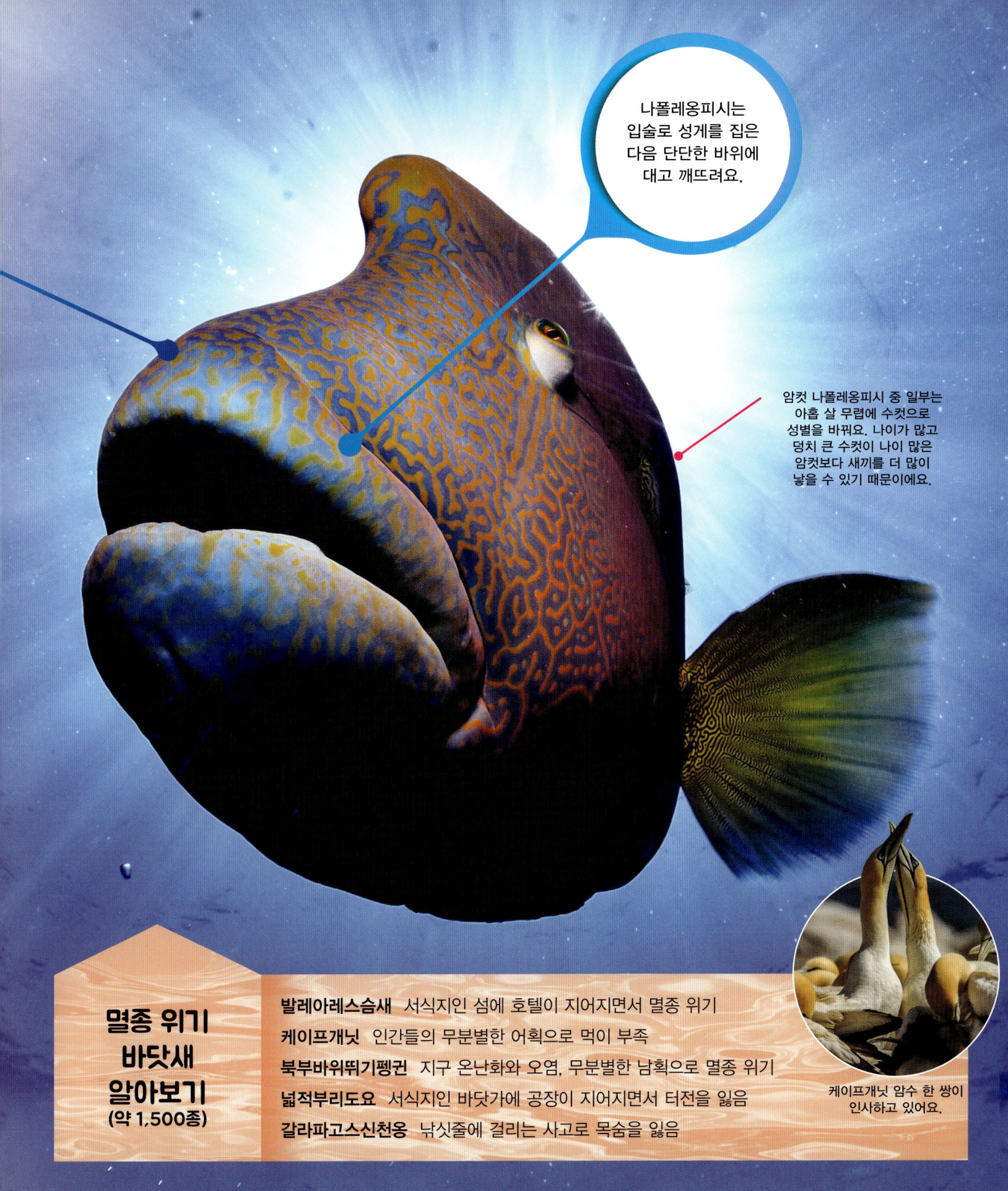

나폴레옹피시는 입술로 성게를 집은 다음 단단한 바위에 대고 깨뜨려요.

암컷 나폴레옹피시 중 일부는 아홉 살 무렵에 수컷으로 성별을 바꿔요. 나이가 많고 덩치 큰 수컷이 나이 많은 암컷보다 새끼를 더 많이 낳을 수 있기 때문이에요.

멸종 위기 바닷새 알아보기 (약 1,500종)

- **발레아레스슴새** 서식지인 섬에 호텔이 지어지면서 멸종 위기
- **케이프개닛** 인간들의 무분별한 어획으로 먹이 부족
- **북부바위뛰기펭귄** 지구 온난화와 오염, 무분별한 남획으로 멸종 위기
- **넓적부리도요** 서식지인 바닷가에 공장이 지어지면서 터전을 잃음
- **갈라파고스신천옹** 낚싯줄에 걸리는 사고로 목숨을 잃음

케이프개닛 암수 한 쌍이 인사하고 있어요.

알고 있나요? 물은 온도가 올라가면 팽창해요. 2100년 무렵이면 지구 온난화 때문에 해수면이 최대 270센티미터까지 올라갈 거라고 해요.

제 2장 바닷속 서식지

바다의 여러 구역

모든 생물은 주변 환경에 적응하며 살아가요. 바다 서식지 환경에 영향을 주는 중요한 요소는 바로 햇빛과 온도예요. 밝고 따뜻한 물속에 사는 동물과 식물은 어둡고 추운 물속에서는 살 수 없어요.

온도에 따른 구분

대양 가운데 적도에 가까운 바다가 가장 따뜻해요. 햇볕이 가장 강하게 내리쬐어서 물이 데워지거든요. 그리고 해수면에 가까운 물이 그 아래 물보다 따뜻해요. 햇빛은 수심 1,000미터 이상 깊은 곳까지는 뚫고 들어가지 못하기 때문이에요.

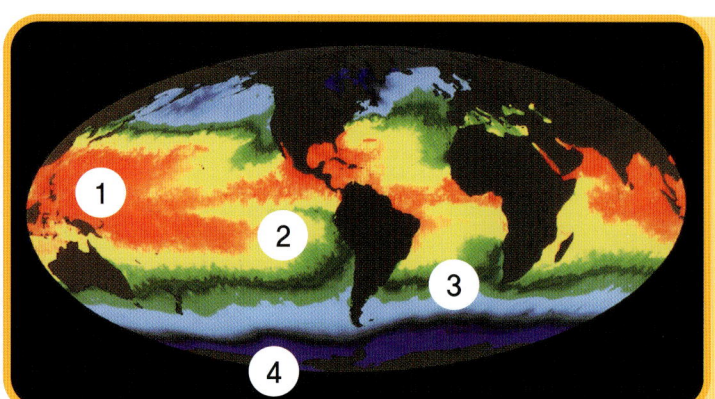

해양의 기후
왼쪽 지도는 해수면의 평균 온도를 보여 주고 있어요. 따뜻한 곳은 붉은색, 차가운 곳은 푸른색으로 표시되어 있지요.
1. **열대 기후:** 바닷물이 일 년 내내 따뜻해요.
2. **아열대 기후:** 바닷물이 일 년 내내 약간 따뜻해요.
3. **온대 기후:** 바닷물이 차가운 곳부터 따뜻한 곳까지 골고루 분포해요.
4. **극기후:** 바닷물이 일 년 내내 차가워요.

깊이에 따른 구분

햇빛이 드는 해수면 근처에는 생물이 많이 살아요. 이곳에서 식물과 유색조 식물이 햇빛을 이용해 스스로 양분을 만들지요. 이 식물은 식물을 먹는 동물들에게 먹히고, 더 큰 종들이 작은 동물을 계속 잡아먹어요. 어둡고 깊은 바닷속에서는 식물이 살지 못하며 동물도 극소수만 서식하지요.

1. **유광층(수심 0~200미터)**
   바다에 서식하는 생물 대부분이 여기에 살아요.
2. **약광층(수심 200~1,000미터)**
   어스름한 빛이 조금 들어와요. 밤이 되면 몇몇 동물이 먹이를 찾아 해수면 근처로 올라가요.
3. **점심해수층(수심 1,000~4,000미터)**
   빛이 들지 않아 깜깜해요. 여기에 사는 동물들은 몸에서 스스로 빛을 만드는 발광 생물이에요.
4. **심해저대(수심 4,000미터~해저)**
   이곳에 사는 동물들은 대부분 차가운 물속에서 살아남기 위해 특별한 능력을 가졌어요.
5. **초심해대(깊은 해구)**
   서식하는 종이 매우 드물어요.

바다의 깊이와 온도 알아보기

가장 깊은 해구 태평양의 마리아나 해구, 1만 1,034미터
가장 얕은 대양 북극해, 평균 수심 1,038미터
가장 차가운 바다 북극해와 남극해, 영하 2도
가장 따뜻한 바다 인도양 페르시아만 해변의 여름철 바닷물, 35도

페르시아만의 아부다비

대부분의 바다 동물은 일정한 범위의 온도와 바닷물 깊이에 적응되어 있어요. 하지만 눈다랑어는 조금 독특해요. 어릴 때에는 따뜻한 해수면 근처에 살다가 성장할수록 점차 깊은 곳에서 생활하거든요.

눈다랑어는 정어리 같은 먹잇감을 쫓아 바다 깊은 곳까지 내려갔다가 다시 올라와요.

눈다랑어는 눈이 큼직해서 수심 500미터의 깊은 물속에서도 앞을 잘 볼 수 있어요.

알고 있나요? 민물은 0도에서 얼지만 바닷물은 영하 2도에서 얼기 시작해요. 염분 때문에 바닷물은 민물보다 어는 온도가 낮아요.

바닷가

모래나 진흙이 깔린 바닷가는 생물이 살아가기에 험난해요. 밀물이나 파도가 밀려들면 바닷물 속에 풍덩 빠지기 일쑤고, 썰물일 때는 햇빛과 바람에 노출되거든요.

밀물과 썰물

바닷가에는 날마다 밀물과 썰물이 생겨요. 그 이유는 바로 물체들 간에 서로 끌어당기는 힘이 작용하기 때문이에요. 행성이나 달처럼 커다란 물체는 끌어당기는 힘도 아주 커요. 그래서 달이 지구를 끌어당길 때면 바닷물이 끌려서 밀물이 생겨요. 그리고 지구가 자전함에 따라 바닷물이 이동하면서 밀물과 썰물을 만들지요.

모래벼룩은 밀물 때면 모래 속에 굴을 파고 들어가지만, 썰물 때는 밖으로 나와 떠밀려 온 해초를 먹어요.

조간대에서 살아남기

조간대는 해수면이 가장 높을 때 바닷물에 잠겼다가 해수면이 가장 낮을 때 드러나는 지역이에요. 이곳에 서식하는 동물들은 변화무쌍한 환경에서 살아남아야 해요. 해수면이 높아지면 바닷가에 사는 조류는 육지 쪽으로 이동하고, 젖은 모래처럼 습기가 많은 환경이 필요한 동물은 모래 속으로 굴을 파고 들어가지요. 모래언덕딱정벌레와 모래조각딱정벌레는 바닷물이 들어차면 해안선 근처에서 둥둥 떠다니는 해초나 통나무 속에 들어가 쉬어요.

작은검은갯지렁이는 젖은 모래 속에 굴을 파고 들어가요. 모래를 삼켜 그 속의 미생물에서 양분을 얻은 다음, 모래 찌꺼기를 둘둘 말린 분변토로 배설하지요.

세가락도요 알아보기

몸길이 18~21센티미터
분포 여름에는 북극 지방, 겨울에는 아메리카, 아프리카, 유럽, 아시아, 오스트레일리아
서식지 모래 해안이나 바위 해안
먹이 모래에 파묻힌 절지동물, 연체동물, 벌레
생태 현황 멸종 위기에 놓이지 않음

모래밭에서 갯지렁이를 잡아먹는 세가락도요

뿔눈유령게는 인도양과 태평양의 열대 해안에서 살아요.

뿔눈유령게는 눈이 길쭉한 자루에 달려 있어서 굴을 팔 때 접을 수 있어요.

뿔눈유령게는 집게발로 모래를 판 다음 낮 동안 그 안에 들어가 숨어 있어요.

알고 있나요? 작은두더지게는 1.5초 만에 모래 속을 파고 들어가 몸을 완전히 숨길 수 있어요.

31

바위 해안

해안에 생기는 낭떠러지인 '해식애'는 많은 바닷새들이 휴식을 취하거나 둥지를 트는 곳이에요. 파도가 철썩철썩 치는 바위 해안에 사는 동물들은 대부분 몸을 보호해 주는 단단한 껍데기를 두르고 있어요. 바닷물에 휩쓸리지 않도록 바위에 달라붙어 사는 종도 많지요.

달라붙어 살아가기

단단한 껍데기를 가진 무척추동물은 조간대의 바위나 다른 땅바닥에 달라붙어 있는 경우가 많아요. 홍합이나 굴 같은 이매패류가 그렇지요. 이매패류는 두 쪽으로 갈라진 껍데기를 꽉 닫아서 자신의 몸을 보호해요. 또 근육질의 발로 바다 밑바닥을 파고 들어가거나 몸에서 분비되는 실 묶음인 '족사'를 이용해 바위에 달라붙지요. 이렇게 바위에 달라붙어 살아가는 동물 중에는 껍데기가 하나여서 단각류라고 불리는 삿갓조개와 6쌍의 만각을 움직여 플랑크톤을 잡아먹는 따개비류가 있어요.

껍데기 색이 연한 조개삿갓과 진주담치는 바닷물이 차오르는 만조를 기다려요. 그래야 물속의 작은 생물들을 잡아먹을 수 있거든요.

삿갓조개는 발의 근육을 물결치듯이 움직여서 이동해요. 바닷물이 빠져나가 간조가 되면 몸이 마르지 않도록 바위에 찰싹 달라붙지요.

바위틈의 웅덩이

해수면이 가장 낮은 간조가 되면 바닷가의 바위 틈새와 움푹 들어간 곳에 물웅덩이가 생겨요. 여기서 살아가는 동물과 식물, 유색조 식물 들은 갑작스러운 온도 변화와 거센 바람을 견뎌야 해요. 햇빛에 몸이 마르지 않도록 조심해야 하고요. 웅덩이의 물이 말라서 사라지면 바닷새들이 먹잇감을 찾아 빙빙 나는데, 이때 녹조류가 안전한 피신처 역할을 해요.

바위틈의 웅덩이에는 자주불가사리, 보라성게, 말미잘 같은 무척추동물이 있어요.

갯강구 알아보기

몸길이 2.5~3센티미터
분포 유럽과 북아메리카의 온대 해안
서식지 바위 해안의 틈새와 움푹한 곳에 고인 물웅덩이
먹이 해초와 규조류
생태 현황 멸종 위기에 놓이지 않음

갯강구

바다오리는 대부분의 시간을 바다 위에서 보내요. 둥지를 틀 때만 해안의 바위 절벽으로 돌아오지요.

바다오리는 큰 무리를 이루어 둥지를 틀고 집단 번식을 해요.

바다오리는 물속에서 먹잇감인 대구와 청어를 뒤쫓을 때 날개를 이용해 헤엄쳐요.

알고 있나요? 바다에서 나는 종자식물인 해초는 1만 2,000종이 넘어요. 물속에 살면서 엽록소로 동화 작용을 하는 조류와 비슷한 유기체예요.

맹그로브 숲

맹그로브는 아열대와 열대의 해변이나 하구의 습지에서 자라는 나무예요. 보통 바닷물이 얕고 잔잔한 해안가를 따라 서식하지요. 물고기나 무척추동물들은 맹그로브의 뿌리 사이에서 휴식을 취하고, 새들은 맹그로브 가지에 앉아 호시탐탐 먹잇감을 노려요.

물총고기

맹그로브 숲은 바다와 육지가 만나는 독특한 서식지예요. 물총고기는 맹그로브 숲의 이런 특징을 최대한 활용하지요. 물총고기는 물속에서 맹그로브 나무뿌리에 몸을 숨기고 있다가 물을 뿜어 식물의 잎이나 가지에 있는 곤충을 떨어뜨려 잡아먹어요. 입천장에 혀를 대고 눌러 관 모양을 만든 다음 빨아들였던 물을 내뿜는 거지요.

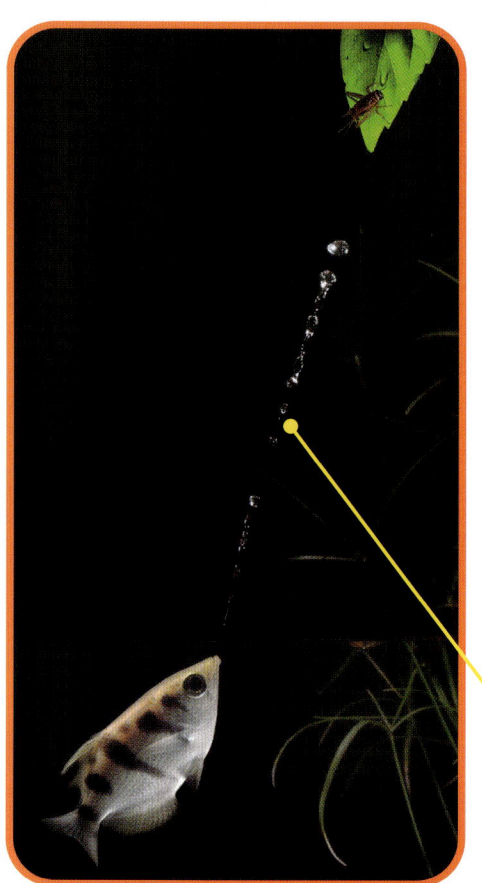

물총고기가 귀뚜라미를 향해 물줄기를 뿜고 있어요. 귀뚜라미가 물줄기에 맞아 떨어지면 얼른 잡아채지요.

붉은맹그로브는 맹그로브 종 가운데 가장 흔해요.

말뚝망둥어

조간대와 맹그로브 숲에서 살며 서식지 환경에 적합한 아주 놀라운 특징을 가졌어요. 말뚝망둥어는 간조 때 해안의 진흙이 드러나면 강한 가슴지느러미를 이용해 몸을 끌며 움직이지요. 또 물 밖에서 숨을 쉴 수 없는 대부분의 물고기와 달리 말뚝망둥어는 피부를 통해 공기 중의 산소를 흡수할 수 있어요. 대신 물웅덩이에서 뒹굴어 몸을 축축하게 유지해야 해요.

말뚝망둥어는 두 눈을 제각각 움직일 수 있어요. 그래서 물 위와 아래를 동시에 볼 수 있지요.

알고 있나요? 물총고기는 최대 3미터나 떨어진 먹잇감도 물줄기를 쏘아 맞힐 수 있어요.

켈프 숲

켈프는 해안 근처 바다에서 자라는 다시마과의 대형 갈조류예요. 이러한 켈프가 빽빽이 자라 '켈프 숲'을 이루고 해양 생물들의 서식지가 되어 주지요. 바다 동물들은 폭풍우나 천적을 피해 이곳에 몸을 숨기고, 먹잇감을 사냥하기도 해요.

꼭 필요한 서식지

육지의 숲과 마찬가지로 켈프 숲도 훌쩍 자란 켈프가 수면 위로 올라와서 지붕처럼 우거져요. 아래쪽 그늘에는 키가 작은 종들이 두터운 하부층을 이루거나 해저에 카펫처럼 깔리지요. 성게 같은 무척추동물이 켈프를 먹고 사는데, 이들은 켈프배스를 비롯한 다른 물고기들의 먹이가 되지요. 또 이 물고기들은 바다표범, 바다사자, 해달, 쇠고래 같은 포유동물의 먹이가 돼요. 갈매기나 가마우지 같은 새들도 먹잇감을 노리다가 순식간에 달려들어 해수면에서 물고기를 낚아채지요.

해조류 가운데 가장 큰 자이언트켈프는 보통 60미터 이상 자라요.

켈프배스는 켈프 숲에 살면서 조그만 물고기나 오징어, 새우를 잡아먹어요.

미국 캘리포니아주 인근 바다의 켈프 숲에서 박쥐가오리가 헤엄치고 있어요.

서양가시거미불가사리 알아보기

몸길이 18~38센티미터
분포 미국 남부에서 페루 사이의 태평양
서식지 수심 2,000미터의 모래가 깔린 해저(켈프 숲 근처)
먹이 작은 무척추동물과 미생물
생태 현황 멸종 위기에 놓이지 않음

서양가시거미불가사리

알고 있나요? 자이언트켈프는 하루에 최대 60센티미터까지 자라요. 지구상에서 가장 빨리 자라는 생물이지요.

켈프는 구조가 뿌리와 비슷한 흡착 기관을 닻처럼 바다 밑바닥에 박아 몸을 꽉 붙들고 있어요.

몸을 위장하는 긴집게발게

천적의 눈을 피하기 위해 켈프 숲에 몸을 숨기며 사는 동물이 꽤 많아요. 그중 긴집게발게는 독특한 위장 기술을 가졌어요. 켈프나 해면동물 같은 다른 생물에 자기 껍데기를 고정시켜 달라붙은 뒤 그 생물인 척 위장해요.

긴집게발게가 해달 같은 천적의 눈에 띄지 않도록 켈프 줄기 뒤쪽에 달라붙어 몸을 숨기고 있어요.

해초대

해초로 이루어진 수중 초원이에요. 마치 육지의 풀처럼 해저를 뒤덮고 있지요. 해초는 광합성을 해야 해서 햇빛이 잘 드는 맑고 얕은 연안이나 하구의 바닷물에서 자라요. 적도 부근부터 극지방에 이르기까지 전 세계 거의 모든 지역에서 볼 수 있지요.

해양 생물들의 터전

해초대는 수많은 해양 생물들에게 먹이와 서식지를 제공해요. 이곳에서 알을 낳아 새끼를 안전하게 키우고, 해초 사이에 몸을 숨겨 천적들의 눈을 피하기도 하지요. 하지만 성체가 되면 대부분 다른 서식지를 찾아 근처의 산호초나 넓은 대양으로 떠나요. 해마 같은 종들은 몸집이 작고 위장 기술이 뛰어나서 평생 해초대에 살기도 하지요.

귀중한 서식지

바다거북, 매너티, 성게 같은 수백 종의 해양 생물들이 해초대에서 해초의 잎과 줄기를 먹으며 살아가요. 해초 사이에 몸을 숨기고 있다가 먹잇감을 사냥하는 동물들도 있지요. 바로 위장 기술이 뛰어난 곰치와 풀망둑어예요. 하지만 바닷가에 건물이 많이 들어서고 환경이 오염되면서 한 시간마다 축구장 두 배 넓이의 해초대가 파괴되고 있어요. 오늘날 해초대에서 살아가는 동물 중 25퍼센트가 멸종 위기에 놓여 있지요.

인도양과 태평양의 열대 바다에 서식하는 어린 블루트리거피시가 해초 사이에 숨어 있어요.

다 자란 바다거북은 대부분의 시간을 해초를 뜯어 먹으며 보내요.

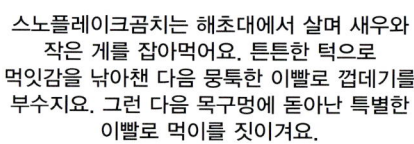

스노플레이크곰치는 해초대에서 살며 새우와 작은 게를 잡아먹어요. 튼튼한 턱으로 먹잇감을 낚아챈 다음 뭉툭한 이빨로 껍데기를 부수지요. 그런 다음 목구멍에 돋아난 특별한 이빨로 먹이를 짓이겨요.

꽃베도라치 알아보기

몸길이 8~8.5센티미터
분포 인도양과 태평양의 열대 해안
서식지 해초대와 산호초
먹이 조류, 규조류, 작은 갑각류
생태 현황 일부 지역의 개체군은 멸종 위기에 처해 있음

꽃베도라치

바다거북은 몸길이가 최대 1.5미터까지 자라요.

사람들의 무분별한 포획과 환경 오염 때문에 해초대가 파괴되면서 바다거북은 멸종 위기에 놓였어요.

알고 있나요? 바다거북은 껍데기 아래쪽에 초록색 지방층이 있어요. 해초를 너무 많이 먹어서 지방이 쌓인 거예요.

산호초

산호초는 열대 기후 지역의 얕은 바닷속에 사는 산호의 유해로 이루어진 암초예요. 해양 생물의 약 25퍼센트가 산호초를 터전 삼아 살아가지요. 산호는 강장, 입, 촉수를 가진 자포동물로 커다란 군집을 이루고 살아요. 그리고 다양한 모양의 부드러운 촉수를 이용해 먹잇감을 잡지요. 산호 중에는 깊고 차가운 물속에 살면서 산호초를 만들지 않는 종도 있어요.

산호초 형성 과정

산호초는 바위처럼 단단한 산호의 골격과 분비물인 탄산칼슘이 엄청나게 많이 쌓여서 만들어져요. 산호가 스스로 단단한 골격을 만들며 죽으면 골격 위에 새로운 산호가 자라지요. 이런 식으로 산호초가 점점 크게 자라는 거예요. 그런데 오늘날 전 세계 산호초의 약 70퍼센트가 위험에 처해 있어요. 산호가 수온과 환경 오염에 아주 민감하기 때문이에요.

몸길이가 최대 18센티미터까지 자라는 거울나비고기는 산호충과 작은 무척추동물을 잡아먹으며 살아요.

뇌산호는 3,000종도 넘는 돌산호류 중 하나예요. 뇌산호 1개는 작은 산호 수천 마리가 모인 군체로 넓은 띠 모양 또는 덩어리 모양이에요.

알고 있나요? 지구상에서 가장 큰 산호초는 오스트레일리아 해안에 자리하고 있는 그레이트배리어리프예요. 길이가 무려 2,300킬로미터에 달해요.

이 산호는 단단한 골격을 만들지 않는 작은 산호들로 이루어져 있어요. 산호초는 작은 물고기들의 은신처 역할을 할 뿐만 아니라 먹이도 제공해요.

산호초에 사는 밝은색 물고기들

산호초에 사는 물고기와 무척추동물들은 대부분 색이 밝고 몸에 무늬가 있어요. 예를 들어 몸에 둥근 무늬가 있는 거북복은 이 무늬를 통해 천적에게 자기 몸에 독이 있다고 경고하지요. 포식자들은 이 무늬를 위험 신호로 여겨요. 또한 밝은색 무늬는 짝짓기를 할 때 같은 종들 사이에서 눈에 띄어 도움이 되지요. 색이 화려한 산호초에 사는 종들은 대부분 몸의 색과 무늬를 보호색으로 삼아 몸을 꼭꼭 숨겨요.

문어는 먹잇감인 물고기, 게, 새우를 사냥하기 위해 움직이지 않고 가만히 숨어 있어요. 단 몇 초 만에 주변 산호초와 비슷한 색이나 무늬로 바꿔서 눈에 띄지 않지요.

엠퍼러에인절피시는 파란색과 노란색의 밝은 줄무늬를 가졌어요. 크고 튼튼한 턱으로 억센 해면동물과 조류를 잡아먹지요.

카퍼밴드 나비고기 알아보기

몸길이 18~20센티미터
분포 인도양과 태평양의 열대 해안
서식지 산호초와 바위 해안
먹이 말미잘, 벌레, 연체동물
생태 현황 멸종 위기에 놓여 있지 않음

카퍼밴드나비고기

41

극지방의 바다

겨울에는 북극해의 해수면과 남극을 둘러싼 바다 표면이 얼어붙어요. 여름철이 되면 이 얼음이 녹으면서 점점 작아지지요. 두께가 1,000미터에 이르는 거대한 얼음 덩어리도 있어요. 가끔씩 이런 얼음 덩어리에서 빙산이 떨어져 나와 둥둥 떠다니지요.

추위에서 살아남기

북극해와 남극해에 서식하는 동물들은 혹독한 추위를 견디는 데 꼭 필요한 특징을 가지고 있어요. 예를 들어 바다표범이나 고래는 두터운 지방층이 몸속의 열을 지켜 주어요. 게다가 몸통이 둥그스름해서 몸의 열기가 덜 빠져나가요. 공처럼 둥글게 몸을 옹그리고 있는 것과 비슷한 효과지요. 또 극지방의 바닷새들은 깃털이 빽빽하게 나 있어서 몸이 물에 젖지 않아요.

게잡이바다표범이 남극의 해빙 위에서 휴식을 취하고 있어요. 몸길이는 최대 2.3미터예요.

얼지 않는 피

아주 추운 바닷속에서 살아가는 물고기들은 피가 얼지 않아요. 예를 들어 남극빙어의 핏속에는 탄수화물과 단백질이 결합된 '당단백질'이라는 특별한 성분이 들어 있어요. 이 성분이 핏속의 분자들이 서로 합쳐져 어는 것을 막아 주지요.

남극빙어는 피가 묽고 색이 없어서 몸통이 투명하게 보여요.

일각돌고래는 긴이빨돌고랫과에 속하며 북극해에 서식해요. 해빙 아래에서 오징어, 게, 물고기를 잡아먹지요.

북극제비갈매기 알아보기

몸길이 28~39센티미터
분포 여름철 북반구에서는 북극해와 온대의 북쪽 해안, 여름철 남반구에서는 남극해와 주변 해안
서식지 해안, 초원, 대양
먹이 작은 물고기, 게, 크릴새우
생태 현황 서식지 파괴와 남획 때문에 개체 수가 줄어들고 있음

북극제비갈매기

일각돌고래들은 약 20마리씩 무리 지어 살아요. 여름철이 되면 최대 1,000마리까지 무리를 짓기도 해요.

수컷 일각돌고래의 나선형 뿔은 길이가 최대 3.1미터까지 자라요. 사실 이 뿔은 입의 왼쪽에서 입술을 비집고 자라난 이빨이에요.

알고 있나요? 북극해에 서식하는 북극고래는 지구상의 동물들 가운데 지방층이 가장 두터워요. 두께가 최대 50센티미터나 되지요.

심해

점심해수층은 수온이 겨우 4도밖에 안 돼요. 빛이 전혀 들어오지 않아서 식물도, 식물을 먹고 사는 동물도 살지 않지요. 이곳에 서식하는 동물은 시각이나 속도보다는 후각이나 촉각을 이용해 사냥해요. 어떤 동물은 해저에 가라앉은 죽은 동물이나 식물을 먹고 살지요.

이상하게 생긴 몸

약광층에 가끔 머무는 물고기들은 눈이 아주 커서 빛을 가능한 한 많이 받아들일 수 있어요. 반면 점심해수층에서만 사는 물고기들은 눈이 아예 없는 경우도 있지요. 하지만 지느러미의 촉각이 아주 예민해서 먹잇감을 찾을 수 있어요. 게다가 수심 1,000미터 아래에 사는 물고기들은 대부분 덩치가 작아 그렇게 많이 먹을 필요가 없어요. 그리고 입과 위장이 커서 먹잇감이 근처로 다가오면 쉽게 집어삼킬 수 있지요.

풍선장어는 입이 아주 커서 자기 몸보다 훨씬 큰 먹잇감도 삼킬 수 있어요.

짧은은색 도끼고기 알아보기

- **몸길이** 3~5센티미터
- **분포** 대서양, 인도양, 태평양의 열대와 온대 바다
- **서식지** 수심 200~2,400미터의 바다
- **먹이** 동물 플랑크톤
- **생태 현황** 멸종 위기에 놓이지 않음

짧은은색도끼고기

생물 발광

수심 200미터 이상 깊은 바다에 사는 심해어는 '발광기'라는 기관을 이용해 스스로 빛을 만들어 내요. 아귀 같은 어종은 빛을 내뿜는 긴 촉수로 먹잇감을 유인하지요. 도끼고기도 스스로 빛을 만들어 자기 몸을 방어해요. '반대 조명' 방식을 통해 몸 아래쪽에서 빛을 내는데, 그러면 그림자가 사라지기 때문에 아래에서는 도끼고기가 잘 보이지 않지요.

심해아귀류 중 하나인 암컷 트리플워트시데블(Triplewart seadevil)이 먹잇감을 유인하고 있어요. 몸길이가 1센티미터밖에 안 되는 수컷은 암컷의 몸에 붙어서 먹이를 얻어먹고 살지요.

발광기에서 만들어지는 푸른색 빛으로 몸 아래쪽에서 빛을 내거나, 같은 종의 다른 동료들에게 신호를 보내요.

귄터샛비늘치는 대서양에 서식해요.

귄터샛비늘치는 낮에는 약광층에서 지내다가 밤에 유광층으로 올라가 동물 플랑크톤을 잡아먹어요.

알고 있나요? 스케일리드래곤피시(Scaly dragonfish)는 최대 수심 1,500미터인 곳에 살아요. 몸에서 빛을 냈다가 끄기를 반복하면서 천적을 혼란에 빠뜨리지요.

열수 분출공

지구의 표면은 여러 개의 커다란 판으로 이루어져 있어요. 이 판들이 서로를 향해 천천히 움직이면서 지진이 일어나고 화산이 폭발하지요. 판 가장자리 위에는 '열수 분출공'이라는 틈새가 있어요. 지구 내부의 아주 뜨거운 곳에서 데워진 바닷물이 열수 분출공을 통해 솟아 나오지요.

펄펄 끓는 바닷속 서식지

열수 분출공 주변은 일반적인 해저 환경과 아주 달라요. 이곳의 바닷물은 온도가 60~460도나 되고, 물속에 지구 내부에서 나온 황 같은 미네랄이 풍부해요. 몇몇 특별한 세균들은 이 황으로 양분을 만들어 내지요. 열수 분출공 근처에서 서식하는 대부분의 동물들은 이 세균을 먹고 살고, 서로를 잡아먹기도 해요.

이 열수 분출공은 대서양 해수면 아래 수심 3,300미터에 있어요. 이곳에서는 물속 미네랄 때문에 바위로 된 굴뚝이 서서히 만들어지고, 황이 풍부한 검은색 물도 뿜어져 나오지요. 그래서 분출공을 '블랙 스모커(Black smoker)'라고도 불러요.

갈라파고스민고삐수염벌레는 바다 밑바닥에 달라붙어 생활해요. 이 동물은 키틴질로 된 기다란 관과 물속의 황을 흡수하는 붉은색 영양체, 움츠릴 수 있는 깃털로 이루어져 있어요. 영양체는 천적이 다가오면 보호용 관 속으로 쏙 빨려 들어가요.

갈라파고스민고삐수염벌레

황이 풍부한 태평양 해저의 열수 분출공 주변에서만 서식해요. 입, 창자, 항문 등 소화 기관은 없지만, 내부 공생 미생물로 가득 찬 영양체 안에서 만들어지는 유기물을 먹고 살아요. 깃털 부위에는 얇은 판 모양의 촉수가 조밀하게 모여 있어요. 이 촉수가 아가미 역할을 하여 주변 환경으로부터 영양분을 흡수하지요.

열수성 세수염로클링 알아보기

몸길이 25~30센티미터
분포 대서양 중앙해령의 럭키스트라이크 열수 분출공
서식지 수심 900~1,700미터인 열수 분출공 주변
먹이 새우와 무척추동물
생태 현황 멸종 위기에 놓이지 않음

2018년에 세수염로클링의 새로운 종인 가이드롭사루스 마울리(Gaidropsarus mauli)가 발견되었어요.

새우붙이상과의 게들은 세균을 먹고 살아요.

과학자들은 원격 조종 잠수정을 이용해 열수 분출공 주변에서 새로운 새우 종들을 발견했어요.

이 커다란 홍합은 태평양 해저의 샹파뉴 열수 분출공 주변에 다닥다닥 붙어 살아요.

알고 있나요? 갈라파고스민고삐수염벌레는 수백 마리가 군집을 이루어 살며, 몸길이가 최대 2.4미터까지 자라요.

제3장 무척추동물

산호충류

산호충류에는 말미잘, 가시선인장, 부채산호, 회초리산호 들이 있어요. 산호는 크게 2종류로 나뉘어요. 석회질로 된 외골격을 가지고 있어 딱딱한 '석산호'와 외골격 대신 작은 가시가 몸을 받쳐 주어 다소 무른 '연산호'지요. 혼자서 살아가는 말미잘을 제외하면 대부분의 산호충류는 군집을 이루며 살아요.

산호충이 살아가는 법

산호충은 강장과 입을 가진 작은 개체로, 입 부분의 엄청 많은 촉수를 이용해 동물 플랑크톤을 잡아먹어요. 혼자 서식하는 산호충류는 바다 밑바닥에 달라붙어 살아요. 군집을 이루는 산호충류는 다른 산호충에게 발을 뻗어 달라붙지요. 산호충 유생은 성체와 모양이 비슷한데, 둥둥 떠다니다가 준비가 되면 한곳에 자리를 잡고 성체로 자라나요.

부채산호는 작은 산호충 수천 개가 모인 군체예요. 각 산호충은 8개의 촉수를 가지고 있어요.

깊은 바다 밑바닥에 사는 파리지옥말미잘은 먹잇감을 사냥하거나 포식자로부터 자신을 지켜야 할 때 촉수를 꽉 닫아요.

말미잘

말미잘은 몸이 원통 모양이며, 입 주위에 촉수가 나 있는데 많게는 수백 개에 달해요. 누군가가 촉수에 있는 자세포를 건드리면 화살 같은 기관이 튀어나와 먹잇감이나 천적에게 들러붙어요. 그런 다음 독액을 상대의 몸속에 집어넣지요. 독액은 먹잇감을 마비시켜 말미잘이 쉽게 삼킬 수 있도록 해 주어요.

해파리

해파리는 산호충류와 친척인 무척추동물이에요. 성체 해파리는 우산처럼 생긴 '종'과 긴 촉수가 달린 부드러운 몸을 가졌어요. 종을 늘였다 줄였다 반복하면서 물을 뒤로 밀어내는 방식으로 헤엄치지요.

바뀌는 몸

해파리는 물에 둥둥 떠다니는 조그만 유생으로 태어나요. 해파리 유생은 바위 같은 표면을 발견하면 그곳에 달라붙어 폴립으로 자라나지요. 해파리의 폴립은 산호충처럼 가운데에 입이 있고 그 주변에 먹이를 잡는 촉수가 달려 있어요. 몇 주에서 몇 달 정도 지나면 출아 과정을 거쳐 폴립이 쪼개지면서 새끼 해파리가 나와요. 이 새끼는 바닷속을 둥둥 떠다니는 성체 해파리로 자라지요. 이 해파리가 알을 낳으면 알에서 다시 유생이 나와요.

독을 쏘는 촉수

해파리의 촉수 표면에는 자세포가 있는데, 그 안에 든 독침을 쏘아 먹잇감을 기절시키거나 죽여요. 해파리는 촉수를 느릿느릿 끌거나 넓게 벌린 채 둥둥 떠다니며 먹잇감을 사냥해요. 먹잇감이 다가오면 촉수로 움켜잡은 뒤 종 중앙에 있는 입속으로 곧장 가져가지요.

황금해파리는 젤리피시호에서만 살아요. 젤리피시호는 팔라우의 에일말크섬에 있는 염호예요.

사자갈기해파리 성체는 종의 폭이 최대 2.3미터까지 자라요.

달해파리는 촉수를 써서 동물 플랑크톤을 잡아먹어요.

이 염호는 암석 사이의 틈과 터널을 통해 바다와 연결되어 있어요.

황금해파리는 날마다 수천 마리가 무리를 지어 함께 해수호를 헤엄쳐 다녀요.

왕관해파리 알아보기

몸길이 75~85센티미터
분포 대서양, 인도양, 태평양의 열대 바다
서식지 탁 트인 대양
먹이 플랑크톤, 조류, 새우, 해양 생물의 알
생태 현황 멸종 위기에 놓이지 않음

왕관해파리

알고 있나요? 해파리는 눈과 뇌가 없어요. 대신 촉각이나 열기를 감지하는 신경 신호가 있어서 주변 환경에 반응해요.

문어와 오징어

문어와 오징어는 연체동물 가운데 다리가 머리에 달려 있는 두족류예요. 앵무조개, 갑오징어, 낙지 들을 포함해 800종이 넘지요. 두족류의 몸은 몸통, 머리, 다리 순서로 이루어져 있어요. 흔히 다리라고 부르는 부분은 팔 또는 촉수라고도 하며 주로 팔의 역할을 해요. 그리고 두족류는 멜라닌 성분의 먹물을 만들어요. 검은 구름 형태로 먹물을 뿌려서 적의 시야를 가리지요.

파란고리문어는 태평양과 인도양의 열대 바다에서 바위 사이의 물웅덩이나 산호초에 살아요.

물살을 쏘며 움직이기

문어는 다리가 8개이며 빨판이 아주 많아요. 이 빨판으로 먹이를 꽉 붙들지요. 오징어 역시 빨판이 달린 다리가 8개지만, 무언가를 붙잡을 수 있는 긴 촉수가 2개 더 있어요. 문어와 오징어는 물을 빨아들인 다음 '수관'이라는 기관을 통해 물을 몸 밖으로 밀어내요. 이때 물살이 뿜어져 나가는 반대 방향으로 몸을 움직이면서 빠르게 헤엄치는 거예요. 그뿐만 아니라 문어는 바다 밑바닥을 기어 다닐 수도 있어요. 하지만 오징어는 지느러미를 조심스럽게 흔들어 헤엄치기만 하지요.

흰꼴뚜기의 피부에는 색을 바꾸는 세포가 있어요. 이 세포를 이용해 몸의 색깔이나 무늬를 조금씩 바꾸지요.

똑똑한 무척추동물

커다란 뇌를 가진 두족류는 무척추동물 가운데 가장 똑똑해요. 여러 가지 기술을 쓰는 것을 보면 얼마나 머리가 좋은지 알 수 있지요. 문어 가운데 몇몇은 몸의 색깔을 바꿔서 서로에게 신호를 보내요. 아메리카대왕오징어라고도 불리는 훔볼트오징어는 서로 힘을 합쳐 먹이를 사냥하고요. 또 문어 가운데 파란고리문어를 포함한 꽤 많은 종은 바위나 다른 물체를 이용해 굴을 만들지요.

남방짧은꼬리오징어 알아보기

몸길이 6~7센티미터
분포 호주의 온대 해안
서식지 얕은 바다의 모래나 진흙이 깔린 해저, 해초대
먹이 새우, 물고기
생태 현황 알려지지 않음

남방짧은꼬리오징어는 스스로 빛을 낼 수 있는 발광 생물이에요.

파란고리문어는 위협을 느끼면 고리 무늬가 밝은 파란색으로 바뀌어요. 천적을 겁주어 쫓기 위해서예요.

코코넛문어가 두 다리로 걸으면서 몸을 숨길 조개껍데기를 옮기고 있어요.

모든 문어는 공격받으면 독액을 뿜어요. 파란고리문어의 독액은 사람을 죽일 정도로 매우 강해요.

알고 있나요? 두족류 가운데 몸집이 가장 작은 피그미오징어는 성체가 되어도 몸길이가 겨우 1센티미터밖에 안 돼요.

게

게는 절지동물에 속하는 갑각류예요. 단단한 외골격과 관절이 있어서 다리가 걷기 쉽게 잘 구부러져요. 그리고 갑각류는 거미, 노래기, 지네 같은 절지동물과 달리 머리에 2쌍의 더듬이가 있지요.

10개의 다리

게는 다리가 총 10개예요. 뒤쪽의 4쌍은 걸을 때 사용하며 관절의 위치 때문에 주로 옆으로 걷지요. 하지만 가끔은 앞이나 뒤로 걷기도 해요. 그리고 앞쪽 다리 1쌍에는 집게가 달려 있어요. 이 집게발은 먹잇감을 붙잡거나 죽일 때 쓰이지요. 다른 게에게 신호를 보내거나 싸움을 할 때도 사용되고요.

수컷 농게는 한쪽 집게발이 다른 쪽 집게발보다 훨씬 커요. 암컷에게 구애하거나 다른 수컷과 싸울 때 이 커다란 집게발을 사용하지요.

소라게

소라게는 눈에 띄는 특징이 있어요. 게들은 보통 '갑각'이라는 아주 단단한 껍데기가 몸을 덮고 있지요. 그러나 소라게는 갑각이 없어서 고둥 같은 다른 동물의 빈 껍데기를 이용해 자신의 부드러운 몸을 보호해요.

소라게는 버려진 고둥 껍데기를 가지고 다니다가 위험에 처하면 그 안에 곧장 몸을 밀어 넣어 숨어요.

핼러윈게 알아보기

몸길이 10~12센티미터
분포 중앙아메리카 대륙의 태평양 연안
서식지 맹그로브 숲, 사구, 해안의 열대 우림, 얕은 바다
먹이 잎과 어린 식물
생태 현황 멸종 위기에 놓이지 않음

핼러윈게

붉은바위게는 중앙아메리카와 남아메리카 대륙의 바위 해안에 서식해요.

갑각의 길이는 약 8센티미터예요.

암컷 붉은바위게는 알에서 갓 깨어난 유생을 바닷물에 풀어놓아요. 유생이 다 자라 성체가 되면 다시 바닷가로 돌아오지요.

알고 있나요? 지구상에서 가장 큰 갑각류는 키다리게예요. 양쪽 집게발을 펼치면 그 길이가 최대 3.8미터나 되지요. 하지만 갑각의 폭은 0.4미터에 불과해요.

바닷가재와 새우

바닷가재와 새우는 다리가 10개인 갑각류예요. 다리 외에도 긴 몸통과 2쌍의 더듬이, 입 부분 같은 부속지도 가지고 있지요. 모든 갑각류는 몸통이 분할되거나 여러 부분으로 나뉘어 있어요.

인도양과 태평양의 열대 산호초 지대에서 서식하는 할로퀸새우는 불가사리를 먹고 살아요.

집게발을 지닌 바닷가재

바닷가재의 관절이 있는 다리 5쌍 가운데 4쌍은 걷는 다리이고, 나머지 1쌍이 집게발이에요. 바다 밑바닥에 서식하며 바위 틈새나 굴속에 몸을 숨긴 채 물고기, 연체동물, 벌레 들이 다가오기를 기다리지요. 바닷가재는 머리에 2쌍의 더듬이가 있으며, 1쌍의 눈자루 위에 겹눈이 있어요. 이 더듬이와 눈자루를 움직여 먹잇감을 찾지요. 그리고 바다 밑바닥이 뿌예서 바닷가재는 먹잇감들이 내뿜는 화학적인 냄새를 감지해 사냥해요.

미국바닷가재는 지구상에서 가장 무거운 갑각류예요. 몸무게가 20킬로그램이 넘는 경우도 있지요.

닭새우

닭새우는 집게발이 없는 대신 두툼하고 뾰족한 더듬이가 있어요. 이 더듬이는 닭새우가 다른 곳으로 이동할 때 특별한 역할을 하지요. 카리브해닭새우와 캘리포니아닭새우는 매년 가을이 되면 춥고 폭풍이 몰아치는 얕은 바다에서 따뜻하고 잔잔한 깊은 바다를 찾아 해저 위를 걸어서 이동해요. 이때 바로 앞에서 걸어가는 동료의 몸에 더듬이를 걸친 채 한 줄로 줄지어서 이동하지요.

카리브해닭새우는 약 40킬로미터를 이동해요. 이렇게 줄지어서 이동하면 맨 앞의 닭새우를 제외한 나머지는 바닷물을 헤치고 나아가기가 훨씬 수월하지요.

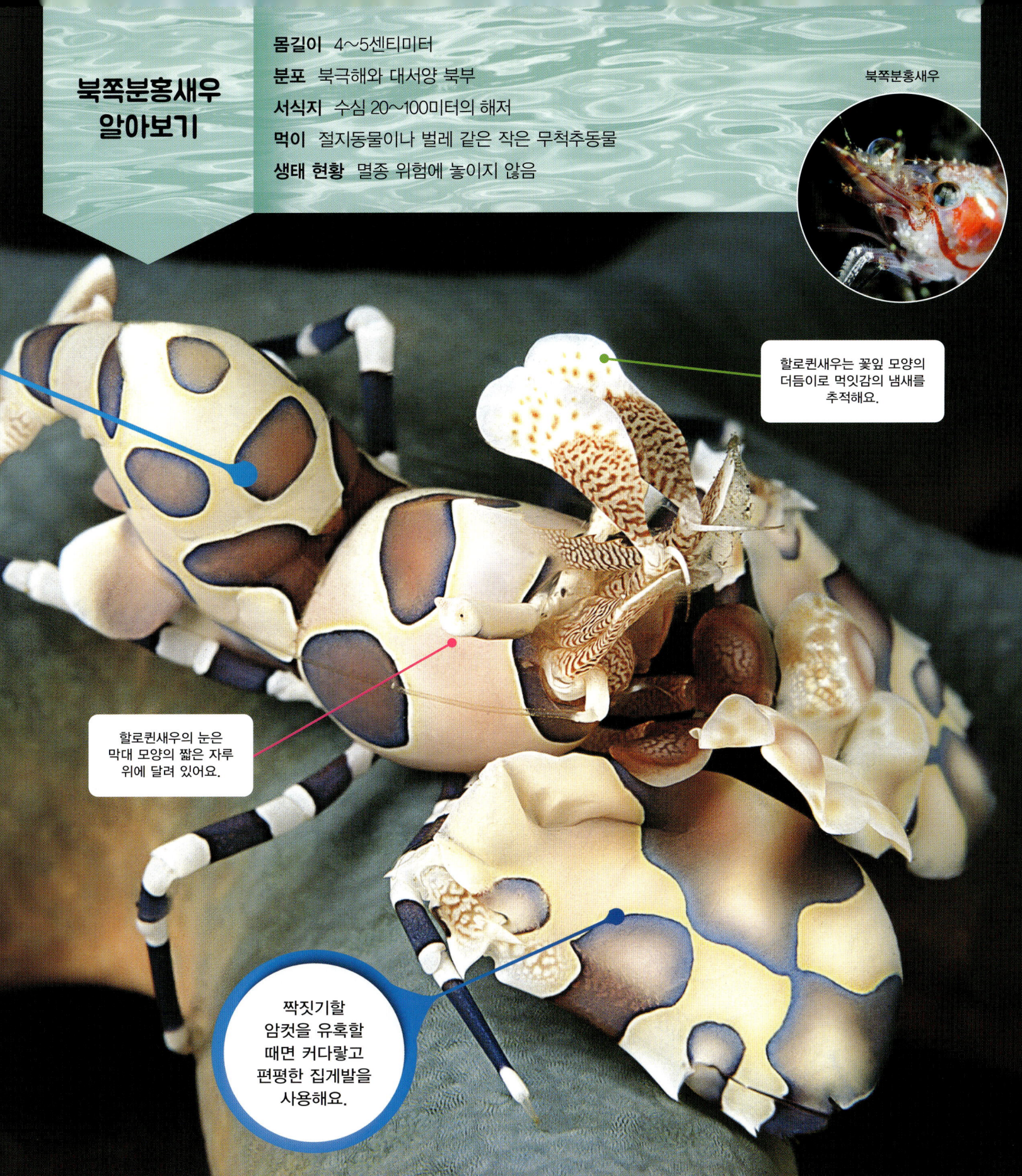

북쪽분홍새우 알아보기

몸길이 4~5센티미터
분포 북극해와 대서양 북부
서식지 수심 20~100미터의 해저
먹이 절지동물이나 벌레 같은 작은 무척추동물
생태 현황 멸종 위험에 놓이지 않음

북쪽분홍새우

할로퀸새우는 꽃잎 모양의 더듬이로 먹잇감의 냄새를 추적해요.

할로퀸새우의 눈은 막대 모양의 짧은 자루 위에 달려 있어요.

짝짓기할 암컷을 유혹할 때면 커다랗고 편평한 집게발을 사용해요.

알고 있나요? 갑각류는 성장하려면 외골격을 벗어 버려야 해요. 그러고 나서 새 큐티클로 새로운 외골격을 만들어 커진 몸을 안전하게 덮지요.

57

이매패류

이매패류는 몸이 편평하고 2개의 단단한 껍데기로 덮여 있는 동물이에요. 껍데기 두 쪽은 경첩으로 연결되어 있어서 여닫을 수 있지요. 조개류, 홍합, 굴 등이 이매패류에 속해요. 대부분 해저의 모래나 진흙에 굴을 파고 들어가 지내지만 바위에 붙어 사는 종도 있어요.

먹이 걸러 먹기

이매패류는 바다 밑바닥에 사는 식물이나 작은 생물을 먹고 살아요. 보통 '입수공'이라는 관을 이용해 2개의 껍데기 안으로 물을 빨아들이는데, 이때 물은 끈적한 점액으로 덮인 아가미를 통과해 몸속으로 들어가고 먹이는 점액에 달라붙지요. 이런 방식으로 먹이를 먹은 뒤, 빨아들인 물은 '출수공'이라는 또 다른 관을 통해 내보내요.

새조개는 몸 밖으로 분홍색 발을 뻗어 해저에 굴을 파요. 발을 구부렸다 펴면서 풀쩍 뛰어오를 수도 있지요.

진주 만들기

이매패류는 탄산칼슘을 이용해 껍데기를 만들어요. 껍데기 안쪽에는 탄산칼슘이 주성분인 무지갯빛 진주층이 형성되지요. 그러다 모래알이나 이물질이 들어와 외투막을 자극하면 스스로를 보호하기 위해 진주층이 계속 분비돼요. 이 진주층이 모래알을 에워싸면서 생기는 것이 바로 진주예요.

껍데기에 줄무늬가 있는 진주조개는 무지갯빛 진주층에서 진주를 만들지요.

알고 있나요? 세계에서 가장 큰 진주는 대왕조개의 몸속에서 만들어졌어요. 이 조개는 길이가 120센티미터 이상이고 무게는 200킬로그램이 넘어요.

바다 민달팽이와 바다 달팽이

보라줄무늬 갯민숭달팽이는 인도양과 태평양의 열대 산호초 사이에 서식하지요.

민달팽이와 달팽이는 복족류예요. 눈이 달린 촉수가 2~4개 있고, 넓은 발로 해저나 땅을 기어 다니지요. 지구상에는 약 6만 종의 복족류가 있는데, 그 가운데 약 50퍼센트가 바다에 서식하고 나머지는 민물이나 육지에 살아요.

복족류의 구분

복족류 가운데 껍데기가 있으면 달팽이라고 하고 껍데기가 없으면 민달팽이라고 해요. 바다 달팽이는 개오지, 고둥, 삿갓조개, 경단고둥 같은 이름으로 불리기도 하지요. 바다 달팽이의 껍데기는 나선 모양이에요. 몸 전체가 그 안에 다 들어갈 만큼 커다랗지요. 바다 민달팽이는 보통 갯민숭달팽이로 불려요.

튤립달팽이는 조그만 이빨로 뒤덮인 긴 혀인 '치설'이 있어요. 치설은 다른 동물의 껍데기를 뚫을 정도로 날카롭지요. 튤립달팽이는 해저를 기어 다니며 치설로 이매패류나 연체동물을 사냥해요.

홍학혀달팽이 알아보기

몸길이 1.8~4.4센티미터
분포 대서양 서부의 열대 바다
서식지 얕은 바닷속 연산호 근처
먹이 연산호
생태 현황 관광객들의 포획으로 개체 수가 줄고 있음

홍학혀달팽이는 무늬가 있는 몸 조직이 껍데기를 뒤덮고 있어요.

알고 있나요? 갯민숭달팽이는 암컷과 수컷의 생식 기관을 모두 가진 '자웅 동체'지만 혼자서 수정할 수는 없어요. 그래서 같은 종의 다른 개체를 찾아 짝짓기를 해야 해요.

갯민숭달팽이는 가지처럼 갈라진 아가미를 통해 물속의 산소를 흡수해요.

갯민숭달팽이의 촉수는 촉각, 맛, 냄새에 민감하게 반응해요.

갯민숭달팽이

껍데기가 없는 갯민숭달팽이는 자신의 몸을 보호하는 방식이 독특해요. 말미잘이나 해면동물처럼 독을 쏘아 대거나 맛이 좋지 않은 동물을 잡아먹어서 먹잇감의 독한 화학 물질을 몸속에 저장하지요. 그런데 신기하게도 그 독이 갯민숭달팽이를 해치지는 않아요. 어떤 갯민숭달팽이는 맛이 이상한 화학 물질을 스스로 만들기도 해요. 우연히 그 지독한 맛을 경험한 포식자는 앞으로 절대 갯민숭달팽이를 공격하지 않겠지요.

하늘소갯민숭이는 독을 쏘는 말미잘을 잡아먹어요. 그리고 밝은 몸 색깔로 천적에게 자기를 잡아먹으면 위험하다고 경고하지요.

불가사리

불가사리는 해안 근처에서부터 깊은 바다에 이르기까지 넓게 분포해요. 불가사리의 몸은 방사 대칭형으로, 똑같이 생긴 5개의 팔이 판 모양의 가운데 부분을 둘러싸고 있지요. 간혹 팔이 50개가 넘는 불가사리도 있어요.

무시무시한 포식자

불가사리는 해저에 사는 동물들을 잡아먹어요. 특히 무척추동물이 주된 먹이지요. 불가사리는 입이 몸 아래쪽 한가운데에 있고, 자기 입보다 훨씬 큰 먹잇감도 사냥해요. 먹잇감을 발견하면 그 위로 올라가 입을 통해 위장을 밖으로 내보내요. 위장에 든 소화액으로 먹잇감을 잘게 부수기 위해서예요. 시간이 지나면 위장과 반쯤 소화된 먹이를 몸 안쪽으로 끌어당기지요.

악마불가사리는 산호 위로 기어오른 뒤 소화액을 뿜어서 곤죽처럼 만들어 먹어 치워요.

관족

불가사리는 팔 아랫면에 '관족'이라는 돌기가 많이 달려 있어요. 관족을 자유롭게 놀려서 바다 밑바닥을 천천히 기어 다니지요. 관족은 이렇게 이동할 때뿐만 아니라, 먹잇감을 사냥할 때도 사용돼요. 예를 들어 아무르불가사리는 관족으로 압박을 가해 조개껍데기를 강제로 연 다음 조갯살을 녹여 먹어 치워요.

자주불가사리는 파도가 부서지는 바위 위에서 발견되는 경우가 많아요.

태양불가사리 알아보기

몸길이 20~35센티미터
분포 북극해, 북대서양, 태평양
서식지 해안가 바위 사이의 물웅덩이, 수심 약 300미터의 해저 암반
먹이 다른 불가사리, 성게, 이매패류, 멍게
생태 현황 지구 온난화 때문에 개체 수가 줄어들고 있음

태양불가사리

붉은혹불가사리는 인도양과 태평양의 얕은 바다에서 살아요. 폭이 약 30센티미터까지 자라요.

불가사리는 한쪽 팔을 잃어도 새 팔이 다시 자라나요.

불가사리는 팔 끝에 '안점(eye spot)'이 있어서 빛의 강약과 사물의 명암을 알아차릴 수 있어요.

알고 있나요? 악마불가사리는 매년 6제곱미터 넓이에 해당하는 산호초를 먹어 치워요.

해삼과 성게

해삼과 성게는 불가사리와 마찬가지로 극피동물이에요. 바다에서만 약 7,000종이 발견되는데 보통 해저에 살지요. 극피동물의 성체는 대칭형이고 피부가 단단하면서 가시가 돋쳐 있어요.

해삼

오이처럼 몸이 기다란 해삼은 몸의 앞쪽 끝에 입이 있고 그 둘레에 촉수가 많이 달려 있어요. 이 촉수를 이용해 플랑크톤을 잡아먹거나 모래나 진흙을 파면서 먹이를 찾지요. 그리고 불가사리나 성게와는 달리 보통 옆으로 누워 있어요. 대부분의 해삼은 아랫면에 많이 나 있는 관족을 이용해 바다 밑바닥을 기어 다니지요. 그러나 관족이 없는 종은 바닷속을 둥둥 떠다니거나 모래 진흙에 묻혀 살아요.

붉은줄해삼은 몸에 난 단단한 가시로 스스로를 보호해요. 천적이 공격해 오면 몸을 공처럼 둥글게 말지요.

성게

둥근 몸에 석회질의 가시가 빽빽이 박혀 있어요. 몇몇 성게는 가시에 독이 있기도 해요. 성게는 바위 사이의 물웅덩이에서부터 수심 5,000미터의 해저에 이르기까지 서식지가 다양해요. 그리고 다른 극피동물과 마찬가지로 뇌가 없지만 신경이 매우 발달했어요. 그래서 물의 촉각과 화학적 냄새, 빛을 잘 감지할 수 있어요. 천적이 성게의 가시를 하나만 살짝 건드려도 나머지 가시들이 천적 쪽으로 움직이지요.

붉은성게와 보라성게는 관족으로 바위 위를 기어 다니며 먹이인 조류의 냄새를 찾아다녀요.

초콜릿칩해삼 알아보기

- **몸길이** 15~45센티미터
- **분포** 대서양의 열대와 아열대 바다
- **서식지** 수심 0~55미터 사이의 해저
- **먹이** 해저에 버려진 쓰레기
- **생태 현황** 멸종 위기에 놓이지 않음

초콜릿칩해삼

연필성게는 인도양과 태평양의 산호초 사이에서 서식해요. 몸길이는 최대 10센티미터예요.

연필성게는 하루에 최대 1미터씩 기어 다니며 먹이인 조류를 찾아요.

성게는 몸 아래쪽에 입이 있으며, 이빨로 먹이를 긁고 씹지요.

알고 있나요? 지구상에서 가장 긴 해삼은 호랑이꼬리해삼이에요. 대서양의 산호초 사이에 서식하며 몸길이가 최대 2미터나 되지요.

바다에 사는 벌레들

몸이 길쭉하고 팔다리가 없는 무척추동물을 통틀어 '벌레'라고 불러요. 하지만 외형이 비슷하더라도 벌레들은 편형동물, 끈벌레류, 환형동물 같은 여러 무리로 분류돼요. 그리고 몸통이 여러 부분으로 나뉘어 있지요.

> 남색꽃갯지렁이는 인도양과 태평양 열대 바다의 산호초나 바위 사이에 서식해요. 몸길이가 약 16센티미터까지 자라요.

고착성 벌레들

'고착성'은 한곳에 머문다는 뜻이에요. 고착성 벌레들은 해저, 바위, 산호에 달라붙어서 부드러운 몸 주변에 단단한 관을 만들어요. 이 관은 대부분 벌레의 몸에서 나오는 질긴 무기물로 만들어져요. 하지만 어떤 벌레들은 진흙이나 모래로 관을 만들기도 해요.

사방조름석회관갯지렁이는 고착성 환형동물이에요. 무기물로 만들어진 관에 나선형의 입 2개가 뻗어 나와 있지요. 입은 깃털 같은 촉수로 덮여 있으며, 촉수로 먹잇감을 잡아채요.

갯지렁이

환형동물인 갯지렁이류는 약 1만 종이 있어요. 갯지렁이는 대부분 바다 밑바닥을 기어 다니며 생활하지만, 헤엄을 치기도 하고 진흙이나 모래에 구멍을 파고 한곳에 고착하는 성향도 있지요. 갯지렁이는 각 체절마다 노처럼 생긴 1쌍의 측족이 있어요. 측족은 '옆에 달린 발'이라는 뜻으로 갯지렁이가 헤엄치거나 이동할 때 사용하지요. 측족은 뻣뻣한 털로 뒤덮여 있으며 몇몇 종은 측족에서 독을 분비해 쏘기도 해요.

대서양 열대 바다에서 사는 수염불벌레는 산호, 말미잘, 작은 갑각류를 먹고 살아요.

깃털 같은 촉수로 주변을 둥둥 떠다니는 작은 먹잇감들을 낚아챈 다음, 홈을 통해 몸 한가운데의 입으로 내려보내요.

고착성 벌레의 관은 모래와 진흙, 벌레의 점액이 합쳐져서 만들어져요.

왕털갯지렁이 알아보기

몸길이 0.5~3미터
분포 대서양, 인도양, 태평양의 열대와 아열대 바다
서식지 수심 10~40미터의 산호 지대 또는 자갈이나 진흙이 깔린 해저
먹이 작은 물고기, 무척추동물, 해초
생태 현황 멸종 위기에 놓이지 않음

바다 밑바닥에 몸을 반쯤 파묻은 채 먹잇감을 기다리는 왕털갯지렁이

알고 있나요? 유형동물에 속하는 줄무늬끈벌레는 몸의 일부가 떨어져 나가면서 새로운 개체로 자라나요. 성체 1마리에서 약 20만 마리의 개체가 나와요.

제4장 어류

사냥꾼 상어

상어는 단단한 뼈 대신 가볍고 잘 구부러지는 연골을 가졌어요. 이빨은 여러 줄로 줄지어 나 있는데, 앞으로 조금씩 이동하면서 빠져요. 그러면 뒤쪽의 다른 이빨이 그 자리를 대신하지요. 상어는 바다의 포악한 사냥꾼이에요. 날카로운 이빨로 먹잇감이 꼼짝 못 하게 꽉 깨문 뒤 으스러뜨리지요.

상어의 날카로운 감각

상어는 후각, 시각, 청각이 매우 뛰어나요. 다른 어류와 마찬가지로 '측선'이라는 감각 기관도 가지고 있어요. 측선에 있는 털 모양의 세포를 통해 물의 흐름을 감지하지요. 게다가 상어 같은 연골어류들은 로렌치니 기관이라는 감각 기관도 갖고 있어요. 로렌치니 기관은 피부 안쪽에 자리한, 젤리 같은 물질로 채워진 구멍이에요. 이 기관을 통해 생물이 근육을 움직일 때 발생하는 전기장을 감지해요. 상어의 로렌치니 기관은 꼼짝하지 않고 숨어 있는 동물의 심장 박동도 감지할 수 있을 만큼 예민하지요.

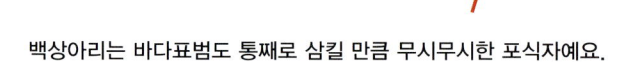
백상아리는 바다표범도 통째로 삼킬 만큼 무시무시한 포식자예요. 몸길이가 최대 6.1미터까지 자라고 시속 56킬로미터로 헤엄칠 수 있어요.

눈을 보호하는 방법

상어류는 투명한 눈꺼풀인 '순막'을 가지고 있어요. 먹잇감을 사냥하거나 다른 동물의 공격을 받을 때 순막을 닫아 눈을 보호하지요. 그러나 백상아리 같은 몇몇 종은 순막이 없어서 먹잇감을 공격할 때면 눈알을 뒤로 굴려요.

카리브해암초상어가 순막을 닫은 채 몸부림치는 쏠배감펭을 꽉 물고 있어요.

모래 호랑이상어 알아보기

몸길이 2~3.2미터
분포 대서양, 인도양, 태평양의 아열대와 온대 바다
서식지 수심 190미터까지의 해안 근처 바다
먹이 경골어류, 가오리, 홍어, 몸집이 작은 상어들
생태 현황 사람들의 남획으로 개체 수가 줄어들고 있음

모래호랑이상어

홍살귀상어는 머리가 망치처럼 양옆으로 확장되어 있고 머리 양 끝에 눈이 달려 있어요. 이 눈으로 사방을 360도로 살필 수 있지요.

홍살귀상어도 다른 상어들처럼 아가미 틈이 그대로 노출되어 있어요. 아가미 틈을 통해 산소를 흡수하고 남은 물을 몸 밖으로 빼내지요.

홍살귀상어는 정어리나 고등어 같은 물고기를 잡아먹어요.

알고 있나요? 청상아리는 먹잇감을 쫓을 때 최고 시속 68미터까지 헤엄칠 수 있고, 수면 위로 9미터나 솟아오를 수 있어요.

먹이를 걸러 먹는 상어들

고래상어, 넓은주둥이상어, 돌묵상어는 먹이를 먹는 방법이 독특해요. 날카로운 이빨이 수백 개나 있지만 이빨을 전혀 사용하지 않고, 바닷물 속의 동물 플랑크톤이나 작은 물고기를 걸러서 먹지요.

고래상어의 피부는 두께가 최대 10센티미터나 되고 연한 점무늬가 있어요.

입이 큰 상어

물속의 먹이를 걸러 먹는 상어들은 대부분 입이 아주 커요. 그중 고래상어의 입이 제일 커서 폭이 무려 1.5미터나 돼요. 상어들이 먹이를 거르는 방식은 두 가지예요. 첫 번째는 입을 크게 벌린 채 앞쪽으로 헤엄쳐 나가면서 물이 입안으로 들어오게 하는 것이고, 두 번째는 입안 가득 물을 빨아들이는 거지요. 이렇게 들어온 물이 아가미를 거쳐 입 뒤쪽으로 흘러나갈 때 아가미의 여과 패드가 체 역할을 해서 작은 동물들이 걸러지는 거예요.

고래상어는 작은 물고기, 오징어, 그리고 크릴새우·알·유생 같은 동물 플랑크톤을 먹고 살아요.

넓은주둥이상어는 1976년에 하와이 근처 바다에서 발견된 이래로 전혀 볼 수 없는 희귀종이에요. 몸길이는 최대 5.5미터 정도로 먹이를 걸러 먹는 상어 중 덩치가 가장 작아요.

고래상어 알아보기

몸길이 5.5~18미터
분포 대서양, 인도양, 태평양의 열대와 아열대 바다
서식지 수심 1,800미터까지의 탁 트인 대양
먹이 동물 플랑크톤, 작은 물고기, 오징어
생태 현황 사람들의 남획과 선박 충돌 사고로 위협받고 있음

고래상어

알고 있나요? 몸무게가 최대 2만 1,300킬로그램에 달하는 고래상어는 지구상의 생물 중에서 덩치가 가장 커요.

고래상어는 1시간에 약 600세제곱미터의 물을 거를 수 있어요. 이때 약 2~3킬로그램에 해당하는 먹이를 섭취하지요.

위기에 빠진 상어들

상어는 전 세계에 440종이 있고 그중 70종 이상이 멸종 위기에 처해 있어요. 고래상어와 돌묵상어도 멸종 위기종이에요. 매년 약 1억 마리의 상어들이 식용이나 오락용으로 잡혀 목숨을 잃고 있지요. 상어는 다른 어류처럼 알을 많이 낳는 게 아니라 적은 수의 새끼를 낳기 때문에, 태어나는 개체 수보다 포획되어 죽는 개체 수가 더 많아요.

상어류 중 두 번째로 덩치가 큰 돌묵상어는 현재 많은 나라들이 어획을 금지해 보호하고 있어요.

가오리류

가오리, 홍어, 가래상어, 톱가오리 들이 속하는 가오리류는 육지에 인접한 바다에 살아요. 몸이 넓적한 마름모 모양에 날개 모양의 매우 큰 가슴지느러미를 가졌고 꼬리도 길지요. 가오리류도 상어처럼 연골로 이루어진 골격을 가졌어요.

지느러미 흔들기

어류는 보통 꼬리나 몸통을 움직여서 앞으로 나아갈 힘을 얻어요. 하지만 가오리류는 가슴지느러미를 힘차게 움직여 헤엄치지요. 넓고 뾰족한 가슴지느러미를 가진 쥐가오리나 독수리가오리는 새가 날개를 퍼덕이듯이 지느러미를 위아래로 움직여요. 그러나 전기가오리는 둥그스름한 가슴지느러미를 물결처럼 흔들어요. 그러면 지느러미를 따라 파동이 일어나지요.

만타가오리는 가슴지느러미의 폭이 최대 7미터에 달해요.

얼룩매가오리는 몸길이가 최대 5미터까지 자라고, 가슴지느러미의 폭은 최대 3미터나 되지요.

전기가오리

전기가오리는 약 69종이며, 머리 양옆에 있는 특별한 기관에서 전기를 만들어요. 사람을 포함한 모든 생물은 몸을 움직일 때 약간의 전기가 만들어지는데, 전기가오리는 다른 생물보다 월등히 많은 전기를 만들어 몸속에 저장해요. 이렇게 저장한 전기로 먹잇감을 기절시키거나 죽이며, 자신을 공격하는 천적에게 쏘기도 해요.

표범전기가오리는 비교적 약한 전기를 쏘아 물고기, 벌레, 갑각류를 잡아먹어요.

만타가오리는 종종 '에인절피시 세탁소'를 방문해요. 에인절피시들이 만타가오리의 몸에 사는 성가신 기생충들을 잡아먹어 주거든요.

만타가오리는 머리지느러미를 움직여 입속으로 바닷물을 들여보내요. 그런 다음 물속의 동물 플랑크톤을 걸러 먹지요.

가래상어 알아보기

몸길이 80~100센티미터
분포 태평양 서부의 열대와 아열대 해안
서식지 수심 230미터까지의 모래나 진흙이 깔린 해저
먹이 물고기, 새우, 오징어
생태 현황 알려지지 않았음

가래상어

알고 있나요? 전기가오리 중 가장 큰 개체는 최대 220볼트의 강력한 전기를 만들어요. 그러면 헤어드라이어를 물속에 떨어뜨렸을 때와 비슷한 치명적인 전기 쇼크가 발생하지요.

73

가자미

가자미류는 단단한 뼈로 된 골격을 가지고 있어요. 북극해에서부터 남극 연안에 이르기까지 전 세계 모든 바다에 서식하지요. 가자미류는 납작한 몸을 바다 밑바닥에 바싹 붙인 채 조용히 기다렸다가 먹잇감이 지나가면 재빨리 공격해요.

큰눈가자미는 눈 2개가 모두 몸통의 왼쪽에 있어요. 다른 가자미류처럼 눈이 튀어나와 있어서 앞을 잘 볼 수 있지요.

위장 기술

가자미류는 위장 기술이 아주 뛰어나요. 몸통 아래쪽 면은 색깔이 연하지만 위쪽 면은 보통 점무늬나 얼룩무늬가 있어서 해저의 주변 환경과 매우 비슷하지요. 가자미류 중 몇몇은 몸에서 색소를 방출해 피부색을 바꾸거나 크고 작은 점무늬를 만들기도 해요.

가자미가 모래 속에 몸을 묻은 채 숨죽이고 있어요. 시간이 흘러 밤이 되면 다가오는 벌레나 연체동물, 작은 갑각류를 낚아채 잡아먹지요.

자유롭게 움직이는 눈

가자미류는 알에서 막 깨어 나오면 몸이 대칭형이에요. 눈 2개도 몸의 왼쪽, 오른쪽에 각각 잘 붙어 있지요. 이 시기에는 바다 밑바닥에서 살기보다 물속에서 둥둥 떠다녀요. 그러다가 성체가 되면 한쪽 눈이 머리의 반대쪽으로 이동하지요. 이때부터 해저로 내려가 눈이 없는 쪽의 몸통을 바닥에 대고 누워 생활해요.

가자미류는 종에 따라 몸통의 왼쪽이나 오른쪽이 위를 향해요. 사진 속 유럽가자미는 몸통의 오른쪽이 위를 향하고 있지요.

알고 있나요? 공작가자미는 단 8초 만에 주변 환경과 비슷하게 몸 색깔을 바꿀 수 있어요. 그러나 눈이 모래에 덮여 있으면 앞을 보지 못해서 색깔을 바꾸지 못해요.

대문짝넙치 알아보기

몸길이 40~100센티미터
분포 북대서양의 유럽 해안
서식지 수심 20~70미터의 모래나 암석이 있는 해저
먹이 물고기, 갑각류, 이매패류
생태 현황 개체 수가 줄고 있음

대문짝넙치

큰눈가자미가 몸을 낮춘 채 물고기와 새우가 다가오기를 기다리고 있어요.

등지느러미가 머리 근처까지 빙 돌며 이어져 있어요. 가자미류는 보통 단단한 가시가 지느러미를 떠받쳐요.

해마

해마는 실고깃과의 바닷물고기로 온몸이 뼈와 같은 단단한 물질로 덮여 있어요. 그래서 몸을 곤두세운 채 등에 붙어 있는 지느러미를 좌우로 움직여 헤엄치지요. 헤엄치다가 지치거나 약한 조류라도 만나면 해초나 산호에 꼬리를 감은 채 가만히 매달려 있어요.

수컷이 새끼를 낳아요

해마는 새끼를 낳는 방법이 아주 독특해요. 암컷과 수컷 해마는 짝짓기를 하기 전에 서로의 마음을 얻기 위해 주둥이를 맞대고 꼬리를 서로 얽은 채 춤을 추어요. 그런 다음 암컷이 수컷의 배에 있는 주머니(육아낭)에 50~1,500개의 알을 낳아요. 그러면 수컷이 알을 부화시킬 뿐만 아니라 새끼가 1센티미터 정도로 자랄 때까지 육아낭 속에서 키우다가 물속으로 내보내지요.

수컷 난쟁이해마가 물속에 새끼를 낳고 있어요.

해마는 이빨이 없는 주둥이로 미생물과 작은 갑각류를 빨아들여요.

피그미해마 알아보기

몸길이 1.3~2.6센티미터
분포 인도양 동부와 태평양 서부의 열대 해안
서식지 수심 10~40미터의 부채산호 근처
먹이 작은 갑각류
생태 현황 개체 수가 적어서 앞으로 보호가 필요할 수 있음

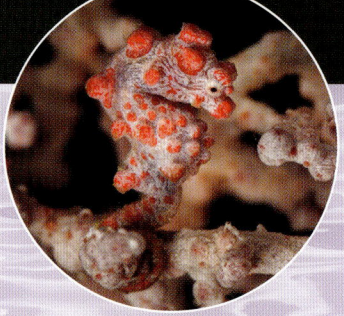
피그미해마

알고 있나요? 난쟁이해마는 지구상에 현존하는 어류 가운데 가장 느리게 움직여요. 최고 속력이 시속 1.5미터에 불과하지요.

태평양해마는 해마류 가운데 몸집이 가장 커요. 몸길이가 30센티미터에 달하지요.

해룡

해룡은 해마류의 일종으로 날개와 비슷한 잎사귀 모양의 부속 기관을 가지고 있어요. 해마처럼 온몸이 단단한 골판으로 덮여 있고, 주둥이가 길어서 먹이를 빨아들이기 쉽지요. 하지만 해룡은 몸을 곤두세워 헤엄치는 해마와 달리 수평 방향으로만 헤엄쳐요. 또 꼬리가 둥글게 말려 있지 않지요. 해룡도 수컷이 알을 보살피지만 배 속의 주머니 대신 꼬리에 알을 담아 돌아다녀요.

해룡은 위장 기술이 아주 뛰어나요. 예를 들어 나뭇잎해룡은 몸은 해마처럼 생겼지만 해초 같은 지느러미를 달고 있어요. 그래서 물속을 둥둥 떠다니는 해초처럼 보이지요.

단단한 골판이 해마의 몸통을 고리처럼 촘촘하게 감싸고 있어요. 그래서 천적들이 해마를 쉽게 깨물지 못하지요.

77

복어목

경골어류에 속하는 복어목에는 가시복과, 개복칫과, 거북복과, 쥐칫과, 참복과 따위가 있어요. 몸통은 달걀 모양이거나 편평하며, 대개 비늘이 없고 어떤 종은 몸이 가시로 싸여 있기도 해요. 턱은 이빨 같은 뼈를 가진 부리 모양으로, 껍데기가 단단한 무척추동물을 으깨는 데 쓰여요.

머리에 긴 뿔이 튀어나온 뿔복은 산호초에서 살아요. 몸길이는 약 50센티미터예요.

독특한 몸

복어목은 단단한 판과 날카로운 가시, 억센 피부 가죽을 가지고 있어요. 그래서 다른 어류에 비해 몸이 뻣뻣해 꿈틀꿈틀 헤엄치는 게 힘들어요. 대신 지느러미를 물결처럼 흔들어 움직이지요. 한편 몸통의 모양도 독특한 편이에요. 예를 들어 코거북복은 각진 사각형에 가깝고, 가시복은 몸이 동글동글해요. 개복치와 쥐치류는 몸이 납작하지요.

개복치는 어류 중에서도 매우 희한하게 생겼어요. 몸통이 등지느러미와 뒷지느러미에서 뚝 끊겨 있거든요. 그래서 몸통의 뒤쪽 절반이 사라진 것처럼 보이지요.

다양한 방어 전술

가시복과 복어류는 천적들이 공격해 오면 잘 늘어나는 뱃가죽 안에 물을 가득 채워요. 그러면 천적이 한입에 삼키기 힘들 만큼 몸이 부풀어 오르지요. 또 어떤 종은 온몸을 뒤덮은 날카로운 가시를 뾰족하게 세우기도 해요. 복어류와 일부 쥐치류는 아주 강한 독을 뿜기도 하지요.

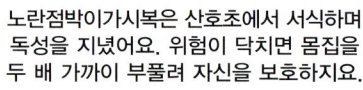

노란점박이가시복은 산호초에서 서식하며 독성을 지녔어요. 위험이 닥치면 몸집을 두 배 가까이 부풀려 자신을 보호하지요.

파랑쥐치 알아보기

몸길이 40~50센티미터
분포 인도양과 태평양의 열대와 아열대 해안
서식지 수심 75미터까지의 산호초 지대
먹이 연체동물, 갑각류, 성게
생태 현황 알려지지 않음

파랑쥐치

뿔복은 머리에 단단한 뿔이 나 있어서 천적들이 쉽게 삼키기 어려워요. 또한 피부에서 독성이 있는 점액을 뿜어내요.

뿔복은 몸빛이 노란색을 띤 회갈색이에요. 해초, 벌레, 갑각류, 연체동물을 먹고 살아요.

알고 있나요? 개복치는 경골어류 가운데 가장 무거워요. 몸무게가 최대 2,300킬로그램까지 나가고, 몸길이는 3.3미터나 되지요.

79

쥐돔과

쥐돔, 표문쥐치 같은 물고기는 농어목 양쥐돔과에 속하는 바닷물고기예요. 보통 산호초 사이에 서식하며, 몸통 양쪽의 꼬리 밑부분을 보면 외과 의사의 칼처럼 날카로운 가시가 있어요. 이 가시는 종에 따라 쓰임새가 달라요. 어떤 종은 가시가 고정되어 빠지지 않는 반면, 어떤 종은 꼬리를 비틀면 가시가 홱 움직여서 천적을 공격하는 무기로 사용되기도 해요.

안전한 무리 생활

쥐돔과는 산호초에서 자라는 해초를 날카로운 이빨로 뜯어 먹으며 살아요. 그래서 자리돔, 농어, 참치 같은 천적들이 해초 근처에서 쥐돔을 노리는 경우가 많아요. 쥐돔과는 이 천적들로부터 몸을 지키기 위해 큰 무리를 이루어 떼 지어 다녀요. 그러면 혼자 다닐 때보다 잡아먹힐 확률이 낮아지지요.

파우더블루탱은 천적의 공격을 피하기 위해 무리를 지어 다녀요. 보통 한 방향으로 떼 지어 헤엄치지요.

무늬양쥐돔 알아보기

몸길이 20~35센티미터
분포 인도양 동부와 태평양 서부의 열대 해안
서식지 수심 80미터까지의 산호초 지역
먹이 조류와 규조류
생태 현황 멸종 위기에 놓이지 않음

무늬양쥐돔

소할쥐돔은 몸길이가 최대 40센티미터에 달하며, 홍해의 산호초 사이에서 서식해요.

쥐돔은 산호초 생태에 매우 중요한 역할을 해요. 해초가 지나치게 많이 자라 산호초의 성장을 방해하지 않도록 쥐돔이 해초를 뜯어 먹어 주지요.

쥐돔의 가시는 평소에는 머리 쪽을 향해 접혀 있어요. 그러다가 천적이 공격해 오면 가시를 칼처럼 휘둘러 방어하지요.

표문쥐치

표문쥐치는 다 자라면 눈 앞쪽에 단단한 뿔 모양의 긴 돌기가 생겨요. 수컷이 암컷보다 돌기가 더 크지요. 이 돌기의 쓰임새는 정확히 밝혀지지 않았어요. 뿔이나 돌기가 있는 동물들은 보통 다른 종과 싸울 때 이 부위를 사용하는데, 표문쥐치는 싸울 때도 이 돌기를 사용하지 않아요. 표준쥐치의 돌기는 짝짓기를 할 만큼 충분히 성장했다는 표식일 가능성이 높아요.

표문쥐치는 몸 양쪽의 꼬리 근처에 2개의 파란색 가시가 나 있어요.

알고 있나요? 줄무늬쥐돔은 가시에 독이 들어 있어요. 몸집이 작은 포식자를 죽일 만큼 독성이 강하지요.

쏨뱅이목

어류 가운데 가장 강한 독을 가졌어요. 독액을 만드는 샘이 있는 날카로운 가시로 찔러 포식자의 몸속에 독을 퍼뜨리지요. 쏨뱅이목은 전 세계에 분포하며 보통 따뜻한 바다 밑바닥에 살아요.

먹이 빨아들이기

쏨뱅이목은 먹이를 빨아들여서 잡아먹어요. 어떤 종은 몰래 숨어서 먹잇감을 기다리기도 하지요. 그러나 어느 쪽이든 먹잇감이 가까워지면 하는 행동은 똑같아요. 재빠르게 입을 벌려서 뺨을 부풀리지요. 그러면 먹잇감이 바닷물과 함께 쏨뱅이 입속으로 빨려 들어와요.

쏠배감펭의 등지느러미에는 13개의 길쭉한 가시가 나 있어요. 가시마다 독을 만드는 샘이 있지요. 여기에 좌우 배지느러미에 2개, 뒷지느러미에 3개가 더 있어서 독가시는 총 18개예요.

스톤피시

쏨뱅이목 가운데 가장 강한 독을 지닌 종으로 알려져 있어요. 사람의 목숨도 앗을 수 있는 독이 가시에 들어 있지요. 인도양과 태평양의 열대 바닷속 산호초 사이에 서식하며, 작은 물고기와 갑각류를 잡아먹어요. 스톤피시는 바위에 찰싹 붙어 움직이지 않으면 감쪽 속을 만큼 위장 기술이 뛰어나요. 몸통의 모양과 색깔이 바위와 매우 비슷하기 때문이에요.

위장 기술이 뛰어난 태슬쏨뱅이는 눈에 띄지 않게 몸을 숨긴 다음 지나가는 물고기나 갑각류를 낚아채요.

쏨뱅이는 위쪽 사진처럼 조류로 뒤덮인 바위인 양 위장할 수 있어요. 가슴지느러미를 삽처럼 이용해 자신의 몸을 모래 속에 파묻어 천적의 눈을 감쪽같이 속이지요.

붉은쏨뱅잇과에 속하는 쏠배감펭은 밤이 되면 조그만 물고기와 갑각류를 사냥해요.

짧은지느러미 난쟁이 쏠배감펭 알아보기

몸길이 12~17센티미터
분포 인도양과 태평양 서부의 열대 해안
서식지 수심 80미터까지의 산호초 지대
먹이 작은 갑각류
생태 현황 멸종 위기에 놓이지 않음

짧은지느러미 난쟁이쏠배감펭

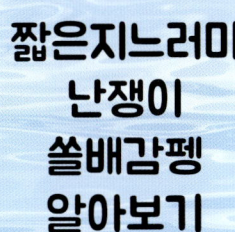

쏠배감펭의 가슴지느러미는 부채 모양이며, 독이 들어 있지 않아요.

알고 있나요? 쏠배감펭은 천적에게 겁을 주기 위해 '경계색'을 사용해요. 몸에 난 선명한 무늬를 통해 자기를 먹으면 위험하다고 경고하는 거예요.

실양태

실양태는 주로 인도양과 태평양의 열대 바다에 서식해요. 몸 색깔이 화려하고 무늬가 뚜렷하며 지느러미가 크지요. 이러한 겉모습은 짝짓기를 할 상대에게 구애할 때 매우 쓸모가 많아요. 실양태는 모래가 깔린 바다 밑바닥 근처에서 생활하며, 천적이 나타나면 모래 속에 몸을 파묻어요.

짝짓기 상대에게 구애하기

실양태 수컷과 암컷은 짝짓기를 할 상대에게 서로 구애해요. 두 물고기는 지느러미를 활짝 펴서 한껏 뽐내지요. 그런 다음 나란히 물 위쪽으로 헤엄쳐 올라가요. 마침내 해수면 근처에 다다르면 암컷은 난자를, 수컷은 정자를 물속에 방출하지요. 이런 식으로 수정된 알은 물속에서 둥둥 떠다녀요.

대부분의 실양태류가 그렇듯이 만다린피시도 암컷과 수컷의 겉모습이 서로 달라요. 왼쪽 수컷이 몸집이 좀 더 크고 지느러미가 길며 무늬도 암컷과 달라요.

수컷의 싸움

실양태류의 수컷들은 매우 공격적이에요. 수컷들이 싸우는 이유는 대개 짝짓기를 할 암컷을 차지하기 위해서예요. 하지만 힘을 과시해야 할 때도 종종 싸우지요. 이렇게 싸움이 벌어지면 수컷들은 서로를 뒤쫓거나 엎치락뒤치락하며 물어뜯어요. 약한 수컷이 목숨을 잃으면서 싸움이 끝나는 경우도 꽤 많지요.

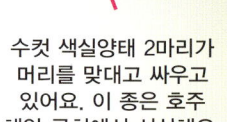

수컷 색실양태 2마리가 머리를 맞대고 싸우고 있어요. 이 종은 호주 해안 근처에서 서식해요.

픽처레스크실양태는 몸에 밝은색 무늬가 있어서 서식지인 산호초 사이에 몸을 숨겨 위장하기 좋아요.

별실양태 알아보기

몸길이 5~7.5센티미터
분포 인도양과 태평양 서부의 열대 해안
서식지 수심 5~40미터의 산호초 지대
먹이 작은 갑각류, 벌레, 미생물
생태 현황 알려지지 않았음

별실양태

실양태는 큰 눈이 머리 꼭대기에 달려 있어요. 천적으로부터 자신을 지키기 위해 모래에 파묻혀 있을 때도 주위를 살피기 위해 눈은 모래 밖으로 내놓지요.

실양태는 몸에 비늘이 없어요. 대신 미끈거리는 점액이 두텁게 뒤덮여 있어 몸을 보호해 주지요.

알고 있나요? 만다린피시는 화려한 색깔의 무늬 때문에 이런 이름이 붙었어요. '만다린'이라 불렸던 중국 관리들의 예복처럼 휘황찬란하거든요.

새치류

돛새칫과와 황새칫과의 바닷물고기를 아울러 새치류라고 해요. 위턱이 창처럼 길게 튀어나와서 주둥이가 새의 부리처럼 길쭉하지요. 이 주둥이로 먹잇감을 베거나 찌르기도 해요. 등은 검푸르고 배는 엷은 빛이며, 등지느러미는 마치 돛을 단 것처럼 생겼어요.

날쌘 물고기

새치류는 육지로부터 멀리 떨어진 탁 트인 대양에 서식해요. 몸통이 길쭉하고 유선형인 데다 근육의 힘도 세서 수영을 아주 잘해요. 새치류는 먹이를 구하거나 바닷물 온도가 적당한 곳을 찾기 위해 아주 먼 거리를 이동해요. 특히 먹잇감을 사냥할 때는 바다에서 가장 잽싸고 빠른 물고기가 되지요. 새치류 중에 어떤 종이 가장 빠른지는 정확히 알 수 없지만, 돛새치와 시속 105킬로미터의 기록을 가진 흑새치가 가장 빠른 종으로 꼽혀요.

대서양돛새치는 돛 모양의 커다란 등지느러미가 있어요. 헤엄칠 때는 지느러미를 접었다가 먹잇감을 사냥할 때 지느러미를 펼쳐서 좌우로 계속 흔들어요.

인도양과 태평양의 열대와 아열대 바다에서 발견되는 흑새치는 몸길이가 최대 4.65미터나 돼요.

황새치

황새치는 새치류 가운데 주둥이가 가장 길어서 1.5미터나 돼요. 새치류의 주둥이는 보통 둥글고 창 모양인데, 황새치의 주둥이는 납작하고 매끈한 칼날 모양이에요. 새치류 중에는 백상아리 같은 포식자처럼 먹잇감을 찔러 죽이는 종도 있지만, 황새치는 먹잇감을 주둥이로 베기만 해요.

황새치는 혼자서 사냥해요. 고등어나 청어 같은 작은 물고기를 잡아먹거나 종종 깊은 바다로 내려가 갑각류나 오징어를 먹기도 하지요.

알고 있나요? 새치류 가운데 가장 큰 종은 녹새치예요. 몸길이가 5미터에 달하고 몸무게는 625킬로그램이나 나가지요.

제5장 포유류

수염고래

고래는 포유강 고래목에 속하는 동물이에요. 크게 수염고래류와 이빨고래류로 나뉘지요. 고래목은 꼬리로 힘차게 헤엄치고 두 지느러미발로 방향을 조종해요. 평생 물속에서 살지만 머리 꼭대기의 분수공으로 공기를 들이마시기 위해 종종 해수면으로 올라오지요. 수염고래류에는 총 15종이 있어요.

수염고래의 먹이 사냥

수염고래는 입천장 양쪽에 빗살 모양의 뻣뻣한 고래수염(수염판)이 있어서 그런 이름이 붙었어요. 수염판은 케라틴으로 이루어져 있으며, 그 안에 먹이를 걸러 주는 가는 털이 나 있지요. 수염고래는 이 수염판으로 먹이를 걸러 먹어요. 입을 벌린 채 헤엄치거나 한 번에 대량으로 삼켜서 물을 한가득 머금었다가 수염판을 따라 방출하면 먹잇감만 입속에 남지요.

쇠고래는 수염판이 바깥으로 드러나 있어요. 입을 벌린 채 바다 밑바닥을 헤엄치면 모래, 물과 함께 작은 갑각류가 입속으로 들어오지요. 수명은 최대 70년이에요.

고래의 노래

고래들은 모두 소리를 내서 의사소통을 해요. 짝짓기 철이 되면 수컷 수염고래는 암컷을 유혹하기 위해 노래를 부른다고 알려져 있어요. 이 노래는 끙끙대거나 재잘대는 소리, 으르렁대는 소리로 이루어져 있지요. 그리고 혹등고래는 10~20분 동안 지속되는 아주 복잡한 노래를 불러요. 같은 노래가 몇 시간 동안 반복되지요. 한 지역에 같이 서식하는 수컷 혹등고래들은 전부 똑같은 노래를 부르지만 다음 짝짓기 철에는 노래가 바뀌지요. 가끔은 한 지역의 수컷들이 다른 지역 수컷들이 부르는 노래를 따라 하기도 해요.

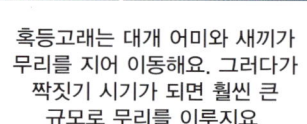

혹등고래는 대개 어미와 새끼가 무리를 지어 이동해요. 그러다가 짝짓기 시기가 되면 훨씬 큰 규모로 무리를 이루지요.

88

남방긴수염고래 알아보기

몸길이 11~18미터

분포 남위 20~50도 사이의 해역, 번식기인 겨울철에는 뉴질랜드와 남극 대륙 사이의 오클랜드 제도

서식지 여름에는 탁 트인 바다, 겨울에는 해안 지대

먹이 동물 플랑크톤과 크릴새우

생태 현황 사람들의 무분별한 포획으로 개체 수가 크게 줄었다가 현재 일정하게 유지되고 있음

남방긴수염고래

혹등고래의 피부에는 고래 따개비가 붙어 있는 경우가 많아요.

혹등고래는 해수면 위로 멋지게 점프했다가 다시 물속으로 몸을 던져요. 최대 몸길이는 16미터예요.

고래의 지느러미발에는 '결절'이라는 작은 혹이 있어요. 결절은 털이 자라는 모공이나 모근이 커지면서 만들어져요.

알고 있나요? 지구상에 존재했던 동물 가운데 덩치가 가장 큰 대왕고래는 입속에 9만 리터의 물을 머금을 수 있어요. 하지만 비치 볼보다 큰 먹이는 삼키지 못하지요.

이빨고래

수염판이 없는 고래나 돌고래를 이빨고래라고 해요. 고래의 90퍼센트 정도가 속하는 이빨고래류는 수염판이 없어서 먹이를 사냥할 때 이빨을 사용해요. 일생 동안 이빨을 가지고 있으며, 분수공이 1개예요. 일반적으로 주둥이, 특히 아래턱이 가늘고 길어요.

반향 정위

고래는 '반향 정위'라는 방법으로 방향을 확인하고 먹잇감을 찾아요. 반향 정위는 동물이 소리나 초음파를 낸 뒤, 그것이 물체에 부딪혀 되돌아오는 초음파를 통해 물체의 거리, 방향, 크기를 파악하는 거예요. 물속에서는 빛이 멀리 닿는 못하는 반면, 소리는 아주 멀리 빠르게 이동하기 때문에 반향 정위가 가능하지요. 고래는 틱틱거리는 소리를 낸 뒤 이 소리가 외부의 생명체나 사물에 부딪혀 튕겨 나오는 음파를 감지해요. 이 음파의 속도와 품질을 분석해 주변 환경을 파악하지요.

민부리고래는 반향 정위를 이용해 깊은 바다로 내려가 오징어와 물고기를 사냥해요. 민부리고래는 턱뼈가 길어서 마치 새의 부리처럼 보이며, 분수공은 1개뿐이에요.

흰고래는 바다 깊이 잠수해 먹잇감을 찾아요. 이빨이 작고 뭉툭한 편이어서 먹잇감을 통째로 삼키지요.

흰고래와 일각돌고래

'벨루가'라고도 불리는 흰고래와 일각돌고래는 북극해와 그 근처에서 서식해요. 둘 다 최대 몸길이가 5미터 정도로 고래치고는 작은 편이에요. 그리고 이마가 둥그스름하게 튀어나와서 '멜론 머리'라고도 불려요. 흰고래와 일각돌고래는 다른 고래류와 달리 방향을 조종할 때 등지느러미를 사용하지 않아요.

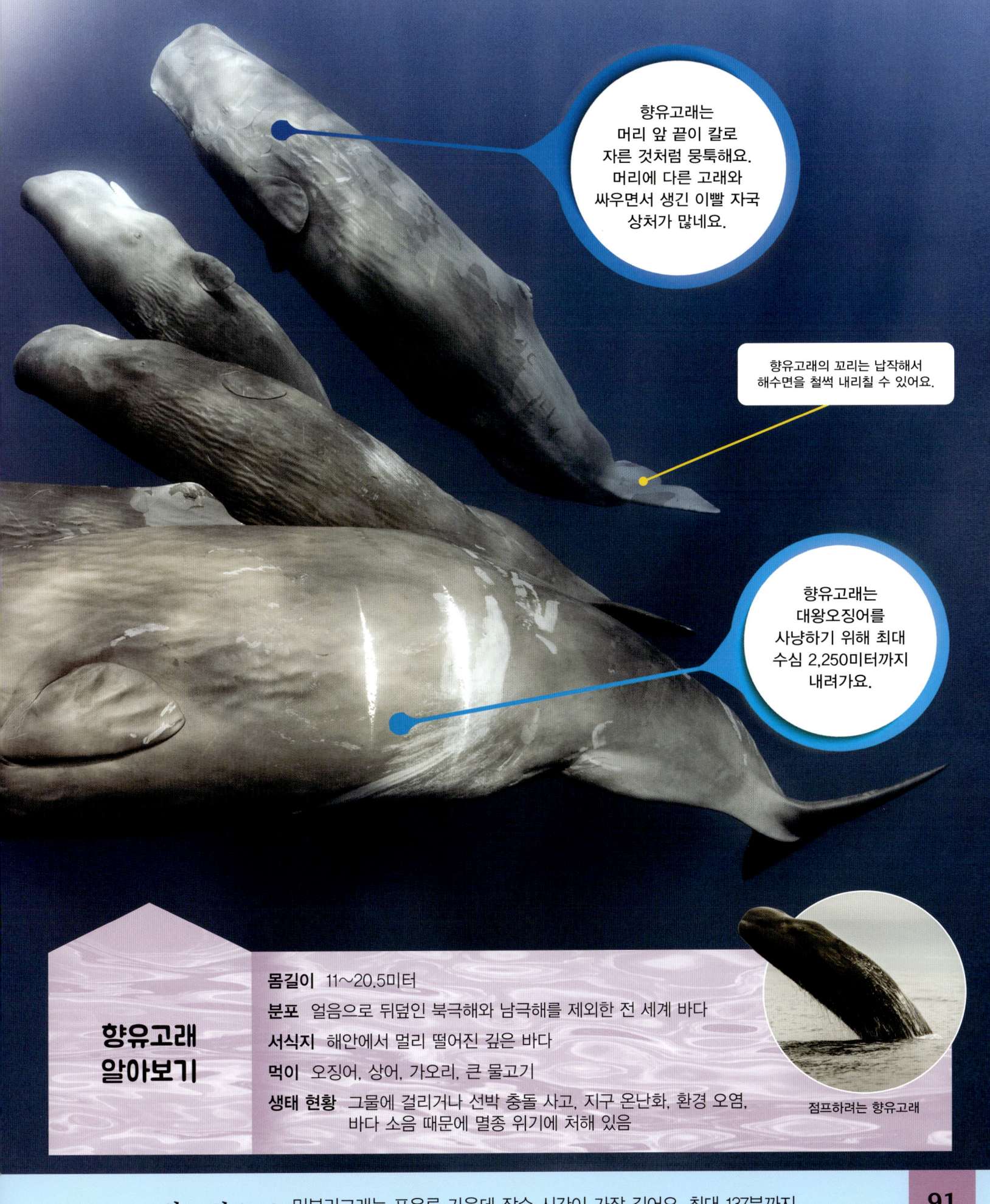

점프하려는 향유고래

향유고래는 머리 앞 끝이 칼로 자른 것처럼 뭉툭해요. 머리에 다른 고래와 싸우면서 생긴 이빨 자국 상처가 많네요.

향유고래의 꼬리는 납작해서 해수면을 철썩 내리칠 수 있어요.

향유고래는 대왕오징어를 사냥하기 위해 최대 수심 2,250미터까지 내려가요.

향유고래 알아보기

몸길이 11~20.5미터
분포 얼음으로 뒤덮인 북극해와 남극해를 제외한 전 세계 바다
서식지 해안에서 멀리 떨어진 깊은 바다
먹이 오징어, 상어, 가오리, 큰 물고기
생태 현황 그물에 걸리거나 선박 충돌 사고, 지구 온난화, 환경 오염, 바다 소음 때문에 멸종 위기에 처해 있음

알고 있나요? 민부리고래는 포유류 가운데 잠수 시간이 가장 길어요. 최대 137분까지 잠수할 수 있지요.

돌고래

고래목에 속하는 작은 이빨이 있는 중소형 고래예요. 이빨고래류 중에서도 덩치가 작으며 몸이 유선형이어서 빠르게 헤엄칠 수 있지요. 이빨은 원뿔 모양이라 먹잇감을 꽉 물기에 좋아요. 돌고래는 틱틱거리는 소리부터 휘파람 소리까지 다양한 소리를 내서 의사소통을 해요.

무리 지어 생활하기

돌고래는 사회성이 좋아서 무리를 지어 살아가는데, 종마다 무리의 규모가 달라요. 어미 1마리와 새끼들이 작게 무리를 이루기도 하고, 가족으로만 구성된 100마리가 넘는 무리도 있어요. 먹잇감이 풍부한 곳에서는 수천 마리가 무리 지어 함께 생활하기도 하지요. 한편 돌고래는 유대 관계가 강해서 힘이 약하거나 부상을 입은 동료가 있으면 곁에 머무르거나 수면 위로 올라가 호흡할 수 있도록 돕기도 해요.

범고래는 돌고랫과 가운데 덩치가 가장 커요. 몸길이가 최대 8미터에 달해요. 범고래는 보통 나이가 가장 많은 암컷이 자식과 손자로 이루어진 무리를 이끌지요.

돌고래의 묘기

돌고래들은 종종 해수면 위로 솟구쳐 올라요. 물속에서 헤엄치는 것보다 공중으로 날아가는 게 훨씬 빠르고 수월하기 때문이지요. 그뿐만 아니라 해수면 위에서 어떤 일이 벌어지는지 살필 수 있고, 자신을 과시할 수 있으며, 피부에 붙어사는 기생충을 흔들어 떼어 낼 수도 있지요. 물론 재미 삼아 물 위로 솟구쳐 오르기도 하고요. 돌고래들은 서로를 뒤쫓거나 무언가를 주고받으며 노는 것을 좋아해요.

긴부리돌고래는 공중으로 솟구쳐 오를 때 한 바퀴 빙글 회전하는 습성이 있어요.

큰돌고래는 병코돌고래라고도 해요. 몸길이가 2~4미터이고 수명은 40~50년 정도예요.

큰돌고래는 주둥이가 길고 병 모양이에요.

큰돌고래는 15마리 정도 무리를 지어 생활하고, 동료들끼리 힘을 합쳐 물고기 떼를 사냥하곤 해요.

줄무늬돌고래 알아보기

- 몸길이 2~2.4미터
- 분포 대서양, 인도양, 태평양의 온대와 열대 바다
- 서식지 해안에서 멀리 떨어진 깊은 바다
- 먹이 물고기, 오징어, 문어, 크릴새우, 갑각류
- 생태 현황 그물에 얽히거나 선박 충돌 사고, 환경 오염으로 개체 수가 줄어들고 있음

줄무늬돌고래

알고 있나요? 지구상에서 가장 작은 돌고래는 몸길이가 1.7미터인 마우이돌고래예요. 뉴질랜드 해안에 서식하며 심각한 멸종 위기종이에요.

쇠돌고래

쇠돌고래는 돌고래와 가까운 친척이지만 돌고래와 달리 주둥이가 짧고 이빨도 삽 모양이지요. 쇠돌고래류는 전 세계에 7종이 있으며, 그중 바키타돌고래는 몸길이가 1.4미터밖에 되지 않아 고래목 가운데 몸집이 가장 작아요.

바다에서 살아가기

암컷 쇠돌고래의 임신 기간은 약 1년이며, 겨우 1마리의 새끼를 물속에 낳아요. 어미는 치약처럼 진득한 젖을 새끼의 입속에 쭉 뿜어 먹이지요. 이 젖에는 지방이 많이 포함되어 있어서 새끼가 몸에 두터운 지방층인 '고래지방'을 형성하는 데 도움이 돼요. 쇠돌고래들은 고래지방 덕분에 깊고 차가운 바닷속이나 극지방에서도 체온을 따뜻하게 유지할 수 있어요.

쇠돌고래류는 상어나 범고래에게 좋은 먹잇감이에요. 범고래가 쥐돌고래를 공중으로 거칠게 내던지고 있네요. 이렇게 하면 쥐돌고래가 힘이 빠져서 낚아채기 좋거든요.

연안 근처에 사는 상괭이는 인간의 활동 때문에 큰 피해를 입는 경우가 많아요.

바키타돌고래는 등 쪽은 짙은 회색이고, 등지느러미는 갈고리 모양이에요.

심각한 멸종 위기에 놓인 동물들

상괭이와 바키타돌고래는 모두 멸종 위기종이에요. 상괭이는 등지느러미가 없는 작은 돌고래로, 태평양과 인도양, 페르시아만에 폭넓게 분포해요. 바키타돌고래는 멕시코 북서부 태평양 연안의 칼리포르니아만 북부에 서식하는데, 2019년에 고작 10마리밖에 남지 않은 것으로 밝혀졌어요. 이들의 생명을 위협하는 주된 요인은 석유 탐사, 해양 오염, 무분별한 어획이에요.

알고 있나요? 쇠돌고래는 잠을 잘 때 눈 한쪽과 뇌의 절반만 잠들어요. 나머지 눈과 뇌는 반쯤 깬 상태에서 분수공을 조절하지요. 다음번에는 반대쪽 눈과 뇌가 잠들어요.

까치돌고래 알아보기

몸길이 1.8~2.3미터
분포 태평양 북부의 온대와 북극권 부근의 바다
서식지 해안에서 멀리 떨어진 깊은 바다
먹이 물고기, 오징어, 갑각류
생태 현황 일부 지역의 무분별한 포획으로 위험에 처해 있음

까치돌고래

북반구 해안에서 발견되는 쥐돌고래는 머리가 작고 둥그스름해요. 그리고 주둥이는 둥근 머리와 미끈하게 이어져 있어요.

쇠돌고래류는 동공이 커서 눈에 빛이 많이 들어와요. 그래서 사냥을 위해 깊은 바다로 잠수해 내려가도 멀리까지 잘 볼 수 있지요.

쥐돌고래의 등지느러미는 거의 삼각형이에요. 헤엄칠 때 방향을 잡는 데 도움을 주지요.

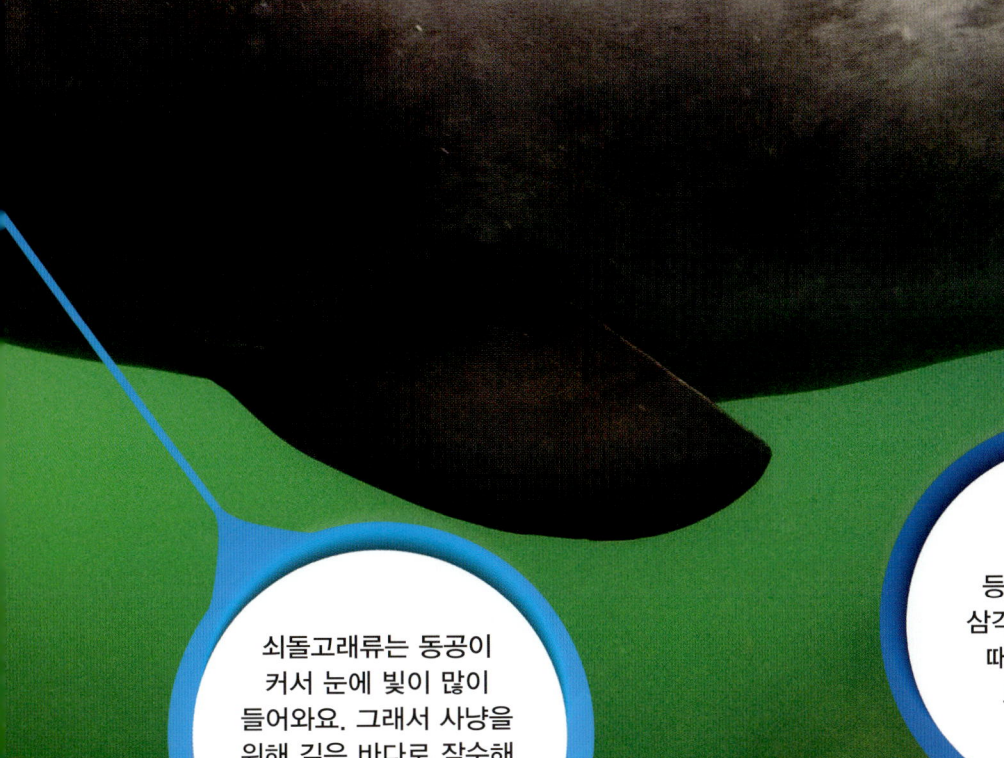

바다소

바다솟과는 해안 근처의 바다나 늪지대, 강에 이르기까지 따뜻하고 얕은 물에 서식해요. 대부분 초식 동물이어서 튼튼한 입술로 식물의 잎과 줄기를 뜯어 먹으며 살아요. 그러나 뼈가 무겁고 몸통이 둥글둥글해서 헤엄치는 속도는 느려요.

듀공

듀공은 몸길이가 3미터에 이르고 수명은 최대 70년이에요. 인도양과 태평양의 따뜻한 해안 근처 바다에 서식해요. 등지느러미와 뒷다리는 없지만, 대신 지느러미발 모양의 앞다리가 있지요. 친척 관계인 매너티와 달리 듀공은 주둥이가 아래쪽으로 구부러져 있어요. 그래서 바다 밑바닥에서 자라는 해초를 쉽게 뜯어 먹을 수 있지요. 그리고 이빨이 말뚝 모양이어서 식물을 짓이겨 먹을 수도 있어요.

서인도제도매너티는 미국에서부터 브라질에 이르기까지 아메리카 대륙 동부 해안의 따뜻한 바다에 살아요. 때로는 강을 따라 내륙으로 헤엄쳐 올라오기도 하지요.

듀공은 물속에 들어가면 콧구멍이 막으로 닫혀요. 그래서 물속에서 최대 6분까지 버틸 수 있지요.

서인도제도매너티의 새끼가 어미의 젖을 빨고 있어요. 어미의 젖꼭지는 지느러미발 바로 뒤에 달려 있지요. 어미와 새끼는 끽끽 소리를 내면서 의사소통을 해요.

매너티

매너티류는 전 세계에 3종이 있어요. 서인도제도매너티와 아프리카매너티는 해안 근처 바다나 강, 습지에 서식하지요. 반면 아마존매너티는 남아메리카 아마존강 유역에서만 살아요. 매너티는 보통 혼자 생활하는데, 간혹 어미와 새끼가 무리를 이루어 지내기도 해요. 또 짝짓기 시기에도 성체들이 무리를 지어요.

다른 포유류와 마찬가지로 매너티의 몸에도 털이 있어요. 매너티의 털은 아주 예민해서 물속의 작은 움직임까지도 감지할 수 있지요.

매너티의 꼬리는 노처럼 편평해요.

아프리카매너티 알아보기

몸길이 3~4.5미터
분포 아프리카 서부의 열대 해안
서식지 해안 근처 바다와 강, 호수의 얕은 물
먹이 맹그로브 잎이나 해초 같은 식물, 이매패류
생태 현황 사냥과 서식지 파괴로 개체 수가 줄어들고 있음

아프리카매너티

알고 있나요? 바다소와 가장 가까운 친척은 놀랍게도 코끼리예요. 코끼리도 바다소처럼 피부가 두껍고 식물을 먹는 포유동물이지요.

97

북극곰

북극곰은 주로 북극 지방에 살아요. 온몸에 털이 촘촘히 나 있고 코, 입술, 발톱은 검은색이에요. 헤엄을 잘 치며 가장 좋아하는 먹이인 바다표범을 주로 사냥하지요. 북극곰은 육지에서 태어나지만 일생의 대부분을 해수면을 덮고 있는 얼음 위에서 보내요. 북극곰은 두터운 지방층과 털가죽을 두르고 있어서 몸을 따뜻하게 유지할 수 있어요.

굴에서 태어나다

암컷 북극곰은 가을에 임신을 하면 눈 속에 굴을 파고 들어가 그 안에서 휴식을 취해요. 그러면 곧 눈이 쌓여 굴 입구를 막기 때문에 내부가 따뜻해지지요. 북극곰은 보통 2마리의 새끼를 낳아요. 갓 태어난 새끼는 눈을 뜨지 못해서 앞을 볼 수 없지요. 어미 북극곰은 굴에 들어오면 아무것도 먹지 못하지만 새끼에게 정성껏 젖을 먹여요. 이윽고 봄이 찾아오면 북극곰 가족은 그제야 굴을 떠나 해빙으로 향하지요. 어미 북극곰은 이곳에서 새끼들을 위해 먹잇감을 사냥해요.

북극곰 새끼들은 2년 6개월 정도 어미와 함께 지내며 보살핌을 받아요.

바다표범 사냥하기

북극곰은 뛰어난 후각으로 바다표범이 올라오는 얼음 구멍을 찾아내요. 그런 다음 그 옆에 쭈그리고 앉아서 숨을 쉬기 위해 얼음 구멍으로 올라오는 바다표범을 기다리지요. 북극곰은 바다표범이 고개를 내미는 순간, 앞발의 날카로운 발톱으로 잽싸게 낚아채요. 때로는 얼음 위에서 쉬고 있는 바다표범에게 몰래 다가가 순식간에 공격하기도 해요.

북극곰은 겨울철에서부터 이듬해 여름철까지 바다표범을 최대한 많이 잡아먹어요. 그래야 얼음이 녹아 사냥이 힘든 늦여름과 가을을 견딜 수 있거든요.

알고 있나요? 북극곰은 최대 3분 10초 동안 잠수할 수 있어요.

북극곰은 1.6킬로미터나 떨어져 있는 바다표범의 냄새도 맡을 수 있어요.

북극곰은 뒷발이 큼지막해서 헤엄치기 좋아요. 그뿐만 아니라 몸무게가 분산되어 눈 속에 빠지거나 해빙이 깨지는 일도 없지요.

북극곰의 털은 털갈이 직후에는 흰색이지만, 시간이 지나면 차츰 황백색으로 변해요.

북극곰 알아보기

몸길이 1.8~3미터
분포 북극해의 해안과 북극해를 둘러싼 육지
먹이 바다표범류, 새의 알, 바다코끼리와 고래의 사체
생태 현황 지구 온난화로 멸종 위기에 처해 있음

북극곰

수달

수달류는 13종이 있어요. 일생의 대부분을 짠물이나 민물에서 지내는 육식성 포유류지요. 해달과 바다수달은 짠물에서만 서식하는 반면, 유라시아수달은 해안 근처의 바다와 강을 오가며 살아요. 나머지 다른 수달들은 민물에서 생활하지요.

해달

다른 해양 포유류와 달리 몸에 지방층이 없어 몸이 날렵해요. 대신 두터운 털가죽이 몸을 따뜻하게 해 주지요. 해달은 태평양 북부와 동부의 해안 근처 바다에 살아요. 물갈퀴가 달린 넓적한 뒷발로 노를 젓듯이 헤엄치지요. 앞발은 뒷발보다 작지만 날카로운 발톱이 있어서 먹잇감을 꽉 붙들기 좋아요. 해달은 바다 밑바닥까지 잠수해서 성게, 연체동물, 갑각류, 물고기를 잡아먹어요. 또 아주 영리해서 단단한 조개껍데기를 돌멩이로 깨는 법도 알고 있지요.

해달은 동성끼리 큰 무리를 지어 함께 쉬거나 잠을 자요. 종종 서로의 발을 붙들기도 하지요.

해달이 배에 조개를 올린 뒤 돌멩이로 쳐서 부수고 있어요.

유라시아수달

유라시아수달 알아보기

몸길이 0.9~1.4미터
분포 유럽, 북아프리카, 아시아의 강, 호수, 해안
서식지 강둑이나 튀어나온 바위 밑에 굴을 파서 집을 만듦
먹이 물고기, 갑각류, 곤충, 조류
생태 현황 서식지 파괴와 환경 오염 때문에 일부 지역에서 개체 수가 줄고 있음

해달은 자는 동안 먼 바다로 떠밀려 가지 않도록 해초인 켈프로 몸을 감싸요.

해달은 누운 자세로 물 위에 뜰 수 있어요. 털가죽 사이사이에 든 공기 덕분이지요.

바다수달

평생을 거의 바다에서 보내는 해달과 달리 바다수달은 바위 해안에서 많은 시간을 보내요. 남아메리카의 서부 해안에 서식하며 게, 연체동물, 새우, 물고기를 사냥해 먹지요. 그리고 해달과 마찬가지로 석유 유출 같은 환경 오염 때문에 멸종 위기에 놓여 있어요. 과거에는 사람들이 바다수달의 털가죽을 얻기 위해 마구잡이로 사냥하기도 했지요.

바다수달의 근육질 꼬리는 거친 물살 속에서 방향을 잡는 역할을 해요.

알고 있나요? 바다수달은 지구상의 동물 가운데 털이 가장 빽빽해요. 1제곱센티미터당 최대 15만 개까지 털이 나지요.

바다코끼리

바다코끼리는 엄니가 길어서 코끼리와 비슷해 보이지만 바다표범과 더 가까운 사이예요. 피부는 두껍고 주름이 많으며 다갈색 털이 드문드문 나 있어요. 지느러미 모양의 네 발로 걸으며 조개, 새우, 물고기를 잡아먹지요. 몸속의 지방층이 두터워서 몸무게가 최대 3톤까지 나가요. 이 지방층 덕분에 바다코끼리는 지구 북쪽 끄트머리 지역의 매서운 추위도 견딜 수 있어요.

수염

바다코끼리는 주둥이에 '강모'라는 뻣뻣한 수염이 나 있어요. 이 털은 신경과 연결되어 있어서 무척 예민하지요. 바다코끼리는 수염을 이용해 물속 생물의 움직임을 감지하고 진흙투성이인 어두침침한 해저에서 먹잇감을 찾아내요.

바다코끼리의 새끼(왼쪽)와 어미(오른쪽)는 400~700개의 수염이 나 있어요. 새끼는 최대 5년 정도 어미의 보살핌을 받지요.

엄니

바다코끼리는 암컷과 수컷 모두 엄니가 있어요. 수컷이 암컷보다 엄니가 더 긴데, 최대 1미터까지 자라요. 바다코끼리는 엄니로 해빙에 숨구멍을 뚫기도 하고, 미끄러운 얼음을 타고 오를 때도 엄니를 써요. 수컷은 자신의 암컷을 지키기 위해 다른 수컷을 공격할 때도 엄니를 사용하지요.

바다코끼리는 짝짓기 시기가 지나면 동성끼리 수백 마리가 떼를 지어 생활해요.

짝짓기 시기에는 수컷끼리 종종 싸움을 벌여요. 보통 덩치가 큰 수컷이 엄니도 크기 때문에 싸움에서 이길 때가 많지요.

바다표범

물범과의 포유류로 전 세계에 18종이 있어요. 몸이 유선형이어서 헤엄을 잘 치고 물속 깊이 잠수할 수 있지요. 커다란 뒷다리는 지느러미 모양으로 노를 젓듯이 움직여 헤엄치고, 발톱이 달린 작은 앞다리로 방향을 바꾸어요. 바다표범은 뒷다리를 앞으로 굽히지 못하기 때문에 앞다리를 써서 몸통을 꿈틀대며 땅 위를 기어 다녀요.

잔점박이물범은 대서양 북부와 태평양의 해안 근처 바다에서 살아요. 최대 수명은 35년이에요.

짧은 육아

바다표범은 바닷속에서 생활하는 데 적응되어 있어서 육지로 올라오는 일이 드물어요. 하지만 새끼를 낳을 때는 땅 위나 해빙 위로 올라오기도 하지요. 새끼는 한 번에 1마리만 낳으며, 지방 성분이 많이 포함된 젖을 먹여요. 젖을 먹이는 기간은 종마다 다른데 짧게는 며칠, 길게는 몇 주 정도예요. 새끼에게 젖을 다 먹인 어미는 살아남기 위해 바다로 돌아가 사냥을 해요. 새끼는 스스로 사냥하는 법을 터득할 때까지 몸에 저장된 지방으로 살아가지요.

새끼 웨들바다표범이 어미에게 젖을 달라고 소리 지르고 있어요.

코끼리바다물범

바다표범류 가운데 덩치가 가장 커요. 수컷은 몸길이가 자그마치 6미터에 달하지요. 이렇게 몸이 큰 데다 커다란 주둥이가 마치 코끼리의 코처럼 보여서 코끼리바다물범이라는 이름이 붙었어요. 속이 텅 비고 근육이 발달한 주둥이는 뿔피리 같은 소리를 낼 수 있어요. 그래서 화를 내거나 흥분할 때 큰 소리로 으르렁거릴 수 있지요. 코끼리바다물범의 최대 잠수 시간은 100분이 넘는데 포유동물 가운데 가장 길어요. 몸 색깔은 새끼 때는 짙은 다갈색이지만, 성체가 되면 회색으로 변하지요.

바다표범은 물속에서도 앞을 잘 볼 수 있어요. 물속으로 잠수하면 세 번째 눈꺼풀인 투명한 '순막'이 눈알을 덮어 보호하기 때문이에요.

수컷 코끼리바다물범은 번식기가 되면 짝짓기 상대인 암컷을 차지하기 위해 큰 소리로 으르렁거려서 다른 수컷을 쫓아내요.

잔점박이물범은 귓구멍을 둘러싸는 귓바퀴가 없어요. 다른 바다표범류도 마찬가지예요.

회색바다표범 알아보기

몸길이 1.6~3.3미터
분포 대서양 북부
서식지 해안 근처 바다, 바위, 섬
먹이 물고기, 문어, 바닷가재
생태 현황 사냥이 금지되면서 개체 수가 늘고 있음

회색바다표범

알고 있나요? 웨들바다표범은 포유류 가운데 가장 남쪽에 서식해요. 남극을 둘러싼 해빙 위에 살지요.

물갯과

바다사자와 물개는 둘 다 물갯과예요. 바다표범류와 달리 귓구멍이 귓바퀴로 덮여 있어요. 물개류는 9종, 바다사자류는 6종이 있는데 북극해와 대서양 북부를 제외한 전 세계 모든 대양에 분포해요.

네 발로 걷기

바다표범류는 앞발이 작은 데 반해, 물개류와 바다사자류는 지느러미 모양의 앞발이 커요. 뒷발 역시 앞쪽으로 굽어 있어서 네 발로 걸을 수 있지요. 그래서 땅 위에서도 재빠르게 이동할 수 있고, 바다표범류보다 육지에서 시간을 더 많이 보내기도 해요. 바다사자와 물개는 대개 바닷가에서 대규모로 무리를 지어요. 그리고 새끼를 양육하는 기간이 길어서 최대 1년까지 새끼를 돌보지요. 어미가 먹잇감을 구하러 나가면 새끼들끼리 모여서 놀기도 해요.

암컷 캘리포니아바다사자들은 사회성이 좋아서 무리를 지어 서식지에 가까운 물속에 모여요.

멸종 위기에 놓인 오스트레일리아바다사자는 호주 남서부의 바닷가나 해안 근처 바닷속에 살아요.

북방물개 알아보기

몸길이 1.5~2.1미터
서식지 태평양 북부의 해안
먹이 물고기, 오징어
생태 현황 지구 온난화와 환경 오염, 그물에 얽히는 사고 때문에 개체 수가 줄어들고 있음

북방물개

알고 있나요? 물개류는 서로를 향해 큰 소리로 울부짖고, 천적을 발견하면 트럼펫과 비슷한 소리를 내기도 해요.

수컷 캘리포니아바다사자는 몸길이가 평균 2.4미터로 1.8미터 정도 되는 암컷보다 더 커요.

털과 털가죽

바다사자류는 털이 짧고 억세요. 반면 물개류는 부드러운 털가죽을 가졌지요. 다소 거친 보호용 털 밑으로 부드러운 속털이 빽빽하게 나 있으며 주기적으로 털갈이를 해요. 18~19세기에 사람들이 물개의 털가죽을 얻기 위해 사냥을 많이 했어요. 그로 인해 남아프리카물개, 북방물개, 과달루페물개 들은 거의 멸종될 뻔했지요. 그래서 많은 나라들이 물개 사냥을 금지했고 지금은 물개류 대부분이 개체 수가 많이 늘어났어요.

남아메리카물개는 몸이 젖으면 거의 검은색으로 보여요. 하지만 털이 마르면 회색이나 연한 갈색이 되지요.

바다사자는 귓바퀴가 소리를 잘 전달해서 물 위, 물 아래 어디서든 잘 들을 수 있어요.

제6장 파충류와 조류

바다거북

바다거북류는 전 세계에 7종이 있어요. 덩치가 작은 종부터 나열하면 켐프각시바다거북, 올리브각시바다거북, 매부리바다거북(대모거북), 납작등바다거북, 푸른바다거북, 붉은바다거북, 장수거북이지요. 바다거북의 몸은 커다란 유선형인데 등을 덮는 등딱지와 몸 아래쪽을 덮는 배딱지가 단단히 보호해 주어요.

바닷가에 알 낳기

짝지을 때가 되면 바다거북은 먹이를 사냥하는 구역에서 바닷가의 짝짓기 구역으로 헤엄쳐 이동해요. 두 구역 사이의 거리는 수천 킬로미터나 떨어져 있는 경우도 있어요. 암컷은 알을 낳을 준비를 마치면 보통 밤에 해안으로 올라가 뒤쪽 지느러미발로 모랫바닥에 구멍을 파요. 그런 다음 그 안에 껍데기가 부드러운 알을 낳은 뒤 모래로 편평하게 덮어 숨기지요. 50~60일 정도 지나면 주변이 따뜻했던 알에서는 암컷 새끼들이, 주변이 서늘했던 알에서는 수컷 새끼들이 태어나요.

암컷 붉은바다거북은 자기가 태어났던 해안에 다시 돌아와 알을 낳아요. 한 둥지에 약 100개의 알을 낳고, 알 낳는 기간 내내 약 4개의 둥지를 만들지요. 하지만 이 새끼들 가운데 끝까지 살아남아 성체로 자라는 거북은 손에 꼽을 정도로 적어요.

올리브각시바다거북이 플라스틱 쓰레기 사이로 헤엄치고 있어요. 쓰레기를 먹이로 착각해 집어삼키면 위장이 막힐 수 있어요.

위험에 처한 종

바다거북은 전 세계에서 가장 심각한 멸종 위기에 놓여 있어요. 알을 낳는 바닷가의 환경 파괴, 해양 오염, 무분별한 포획, 바다 수온의 상승 때문에 생존을 위협받고 있지요. 켐프바다각시거북과 매부리바다거북은 '심각한 멸종 위기종'이고 푸른바다거북은 '멸종 위기종'이며, 납작등바다거북을 제외한 모든 종은 '취약종'이에요. 이대로 두었다가는 모든 바다거북이 멸종 위기에 놓일 거예요. 바다거북을 보존하기 위해서는 알들을 잘 지켜서 새끼 거북이 무사히 태어날 수 있도록 도와야 해요.

납작등 바다거북 알아보기

몸길이 76~100센티미터
분포 호주와 뉴기니의 연안 해역
서식지 수심이 최대 60미터인 부드러운 해저
먹이 연산호류, 새우, 해파리, 해삼
생태 현황 서식지 파괴와 환경 오염으로 생존을 위협받고 있음

알에서 갓 깨어난 납작등바다거북

매부리바다거북의 입은 새의 부리처럼 날카롭고 구부러져 있어서 질긴 해면동물이나 조류, 해파리를 먹기에 좋지요.

매부리바다거북의 등딱지는 최대 13개가 겹쳐져 있으며, 색깔은 다갈색이나 황갈색이에요.

몸길이가 약 114센티미터까지 자라는 매부리바다거북은 대서양과 인도양, 태평양의 열대 산호초 지대에 서식해요.

알고 있나요? 가장 오래 사는 바다거북은 푸른바다거북이에요. 수명이 80년이 넘어요.

악어와 도마뱀

바다에는 2종의 악어와 1종의 도마뱀이 살아요. 악어와 도마뱀은 파충류와 마찬가지로 변온 동물이에요. 물이나 공기의 온도에 따라 체온이 달라지지요. 바닷물에서 헤엄쳐서 몸이 차가워지면 따뜻하게 데우기 위해 육지로 올라와 햇볕을 쫴요.

바다악어

바다악어는 호주 북부와 아시아 남부의 해안에 서식해요. 지구상의 파충류 가운데 덩치가 가장 큰 종으로 수컷 성체의 길이는 6~7미터나 되지요. 바다악어는 최상위 포식자로 아주 사나워요. 주요 먹이인 조류, 게, 거북뿐만 아니라 사람에게도 매우 위협적이에요. 바다악어는 먹이가 가까이 올 때까지 콧구멍과 눈만 내놓고 기다렸다가 최대 시속 29킬로미터의 속도로 헤엄쳐 공격해요. 사냥에 성공하면 먹이를 물속 깊이 끌고 들어가 빠져 죽게 하거나 한입에 꿀꺽 삼키지요.

바다이구아나는 주둥이가 짧고, 이빨이 뾰족하고 날카로워요. 그래서 바위에 붙은 해조류를 뜯어 먹기 좋아요.

바다악어는 동물 가운데 무는 힘이 가장 세요. 크고 강력한 턱 근육 덕분이지요.

아메리카악어 알아보기

몸길이 2.5~6미터
분포 아메리카 대륙 연안의 대서양과 태평양
서식지 연안 바다, 강, 호수, 늪
먹이 물고기, 개구리, 거북, 조류, 작은 포유류
생태 현황 서식지 파괴로 생존을 위협받고 있음

아메리카악어

바다이구아나는 등에 가시가 한 줄로 나 있어요.

바다이구아나

바다이구아나는 남아메리카 서부 해안 근처의 갈라파고스 제도 해안에만 살아요. 겉모습이 조금씩 다른 아종이 7~8종 있는데, 각기 다른 섬에서 진화하면서 생김새가 달라졌지요. 바다이구아나는 하루의 대부분을 암석 해안에서 무리 지어 휴식하며 보내요. 주요 먹이는 해조류인데, 암컷과 덩치가 작은 수컷들은 바닷물이 빠져나가 수심이 얕아지면 바닷가에 드러난 해조류를 먹지요. 반면 몸길이가 140센티미터쯤 되는 덩치 큰 수컷들은 수심 30미터까지 잠수해 들어가 최대 1시간까지 물속에서 머물며 먹이를 찾아요.

바다이구아나가 해저의 바위에서 조류를 뜯어 먹고 있어요.

바다이구아나는 온몸이 뾰족하고 작은 비늘로 덮여 있어요.

알고 있나요? 바다악어는 이빨이 66개인데 그중 가장 긴 이빨은 길이가 최대 9센티미터나 돼요.

물떼새류

갯벌, 습지, 강가, 해안에 살면서 모래나 진흙 속의 무척추동물을 먹고 살아요. 몸집은 참새보다 작은 것부터 비둘기 크기까지 다양해요. 물떼새류는 대개 다리가 길어서 얕은 물을 성큼성큼 건널 수 있어요. 게다가 부리도 긴 편이어서 여기저기를 뒤적거리기 좋지요.

검은머리물떼새

검은머리물떼새는 몸 윗면과 이마, 목은 검은색이고, 부리와 다리는 붉은색이에요. 얇은 부리로 굴, 홍합, 삿갓조개 같은 연체동물의 껍데기를 열어서 속살을 파 먹어요. 보통 바닷물이 빠졌을 때 먹잇감을 사냥하는 경우가 많은데, 껍데기가 완전히 닫히기 전에 잡아먹는 게 훨씬 수월하기 때문이에요. 또 부드러운 모래나 진흙 바닥을 파서 갯지렁이, 게를 잡아먹기도 해요.

뉴질랜드물떼새는 뉴질랜드의 해안을 따라 서식해요. 봄에 육지로 날아와 강가에 둥지를 틀지요.

마젤란검은머리물떼새는 눈 주변을 빙 두른 피부가 노란색이에요.

검은목물떼새

검은목물떼새 알아보기

몸길이 34~36센티미터
분포 미국에서 아르헨티나에 이르는 아메리카 해안
서식지 해안과 습지대
먹이 작은 무척추동물, 물고기, 올챙이
생태 현황 서식지 파괴로 일부 지역에서 개체 수가 줄어들고 있음

알고 있나요? 물떼새류를 뜻하는 영어 'Plover'는 비를 뜻하는 라틴어 'pluvia'에서 유래했어요. 옛날 사람들은 물떼새류가 비가 오려 할 때 무리를 짓는다고 생각했대요.

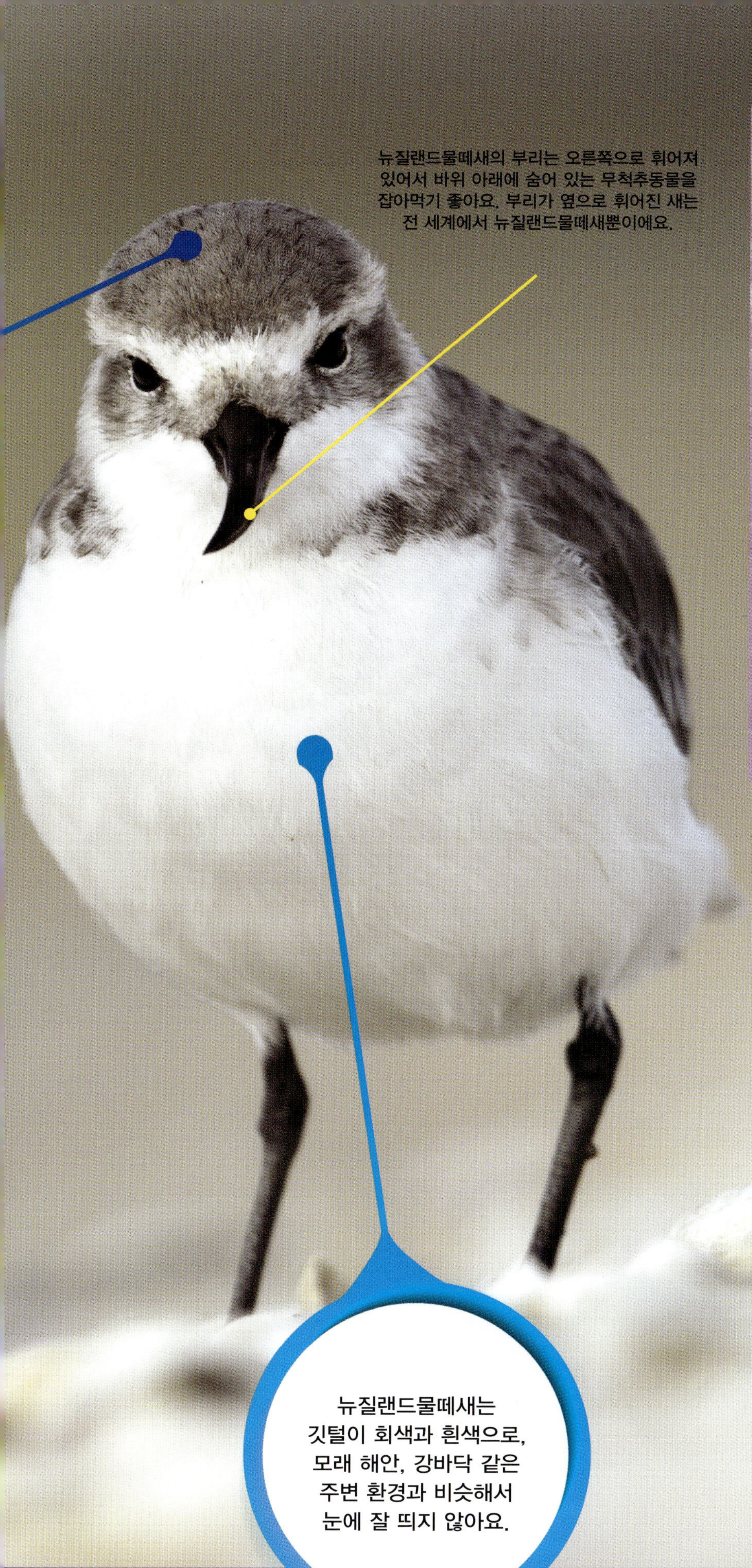

뉴질랜드물떼새의 부리는 오른쪽으로 휘어져 있어서 바위 아래에 숨어 있는 무척추동물을 잡아먹기 좋아요. 부리가 옆으로 휘어진 새는 전 세계에서 뉴질랜드물떼새뿐이에요.

장다리물떼새류

길고 얇은 다리와 부리를 가졌고, 검은색과 흰색이 교차하는 깃털이 눈에 확 띄어요. 뒷부리장다리물떼새는 끝이 위로 들린 부리로 얕은 물이나 진흙 바닥을 쓸고 다니면서 새우나 곤충, 벌레를 잡아먹어요. 특히 먹이를 찾을 때 수면 가까이에서 부리를 좌우로 흔드는 습성이 있지요. 반면 장다리물떼새는 눈으로만 먹잇감을 쫓다가 단번에 길쭉한 부리를 물속에 푹 찔러 넣어 작은 무척추동물이나 물고기를 잡지요.

아메리카뒷부리장다리물떼새 암컷과 수컷이 서로에게 고개를 숙이고 몸을 양쪽으로 흔들며 구애하고 있어요. 두 마리는 곧 물가에 접시 모양의 둥지를 지을 거예요.

뉴질랜드물떼새는 깃털이 회색과 흰색으로, 모래 해안, 강바닥 같은 주변 환경과 비슷해서 눈에 잘 띄지 않아요.

왜가리류

다리, 목, 부리가 모두 길어서 물속에 사는 벌레와 물고기를 잡아먹는 섭금류로, 바다나 민물 가장자리에 서식해요. 두루미, 왜가리, 저어새, 망치새, 해오라기 들이 여기에 속하지요. 왜가리류는 발가락이 4개인데 3개는 앞쪽을 향해 있고 나머지 1개는 뒤쪽을 향해 있어요. 긴 발가락 사이에 물갈퀴가 있어서 진흙탕에 빠지지 않지요.

골리앗헤론

왜가리류 가운데 덩치가 가장 커요. 똑바로 서면 키가 1.5미터이고 날개를 활짝 펴면 날개폭이 최대 2.3미터나 돼요. 사하라 사막 이남 아프리카의 산호초, 맹그로브 숲, 호수, 늪 근처에서 서식하지요. 먹이를 사냥할 때는 얕은 물에서 꼼짝 않고 서 있다가 물고기가 지나가면 부리로 잽싸게 찔러 잡은 뒤 통째로 삼켜요.

골리앗헤론은 머리, 볏, 얼굴, 등, 목에 갈색 털이 나 있어요.

로지어트스푼빌은 홍조류를 많이 먹는 갑각류를 잡아먹어요. 그래서 깃털이 분홍색으로 변했어요.

알고 있나요? 저어새는 콧구멍이 부리 아래쪽에 있으며 눈과 가까워요. 그래서 사냥할 때 부리가 물속에 있어도 숨을 쉴 수 있어요.

망치새

아프리카의 숲, 사바나 지대 같은 물이 있는 곳을 따라 다양한 환경에 서식해요. 맹그로브 숲 같은 짠물 근처나 민물 근처에서도 살지요. 얕은 물에 사는 양서류, 어류, 갑각류, 곤충을 먹고 살아요. 망치새는 망치머리황샛과에 속하는 유일한 종으로, 나무에 커다란 둥지를 짓는 데 많은 시간을 써요. 최대 14주 정도 걸리고 둥지의 폭이 1.5미터나 돼요.

망치새는 자기가 필요한 것보다 많이 둥지를 지어요. 1년에 최대 5개나 만들지요.

망치새는 다른 동료의 몸 위에 올라가 있을 때가 많아요. 조류학자들은 무리의 유대감을 키우는 방법일 거라고 추측해요.

로지어트스푼빌은 얕은 물을 돌아다니면서 납작한 숟가락 모양의 부리를 양옆으로 흔들어 사냥해요.

로지어트스푼빌은 아메리카의 열대와 아열대 지방에서 바닷가나 민물 근처에 터를 잡고 살아요.

삼색왜가리 알아보기

몸길이 56~76센티미터
분포 미국 북동부에서 브라질에 이르는 아메리카의 해안
서식지 맹그로브 숲, 만, 해안 근처의 습지
먹이 물고기, 양서류, 갑각류, 곤충
생태 현황 멸종 위기에 놓이지 않음

삼색왜가리

갈매깃과

해수면에서 물고기를 잡아먹는 덩치 큰 바닷새들이에요. 갈매기, 제비갈매기, 도둑갈매기류 들이 여기에 속하지요. 갈매깃과는 매우 대담해서 다른 새들을 공격해 먹이를 빼앗고 알까지 도둑질한다고 해요. 육지 생활에 적응한 몇몇 새들은 쓰레기 더미까지 뒤지며 먹이를 찾지요.

절취 기생

'절취 기생'은 다른 동물이 잡은 먹잇감을 빼앗아 먹는 행동이에요. 갈매기와 도둑갈매기류가 이 방식으로 먹이를 구하지요. 절취 기생을 하는 새는 대부분 덩치가 크고 힘이 세며, 부리가 날카로워요. 이러한 점을 앞세워 다른 새가 먹이를 떨어뜨릴 때까지 공격하지요. 특히 갈매기는 끊임없이 다른 새들의 먹이를 훔칠 뿐만 아니라 사람들이 포장해 온 음식을 채 가기도 해요.

웃는갈매기가 흰따오기의 먹이를 빼앗기 위해 힘으로 제압하고 있어요. 웃는갈매기는 연체동물, 곤충, 동물의 알과 새끼, 사람들이 버린 음식물 쓰레기까지 무엇이든 먹어 치워요.

제비갈매기

제비갈매기는 부리 모양이 독특해요. 위턱보다 아래턱이 길거든요. 제비갈매기는 부리를 살짝 벌린 채 물 위를 낮게 날면서 사냥해요. 이렇게 부리로 수면을 훑으면서 미처 도망치지 못한 조그만 물고기들을 잽싸게 낚아채지요.

검은집게제비갈매기는 아메리카 해안 근처 바다와 강, 호수에서 살며 사냥을 해요. 몸길이는 최대 50센티미터예요.

슴샛과

앨버트로스와 슴새는 대양에 사는 슴샛과예요. 물갈퀴가 달린 발가락 3개로 노를 젓듯이 움직여 헤엄치지요. 대부분 날개폭이 길어서 먹잇감인 물고기를 찾아 바다 위를 멀리 날 수 있어요. 슴샛과는 대규모로 무리를 지어 둥지를 만드는데, 보통 외딴 섬에 둥지를 틀지요.

관 모양 콧구멍

슴샛과는 부리의 꼭대기나 양쪽에 관 모양의 커다란 콧구멍이 있어요. 이 콧구멍 덕분에 후각이 매우 뛰어나서 먹잇감이나 동료 무리를 쉽게 찾을 수 있지요. 그리고 부리는 뾰족한 판으로 덮여 있고 끝이 구부러져 있어요. 한편 슴샛과도 다른 바닷새들처럼 눈 위에 '염선'이라는 분비샘이 있어요. 이 샘을 통해 헤엄치거나 먹이를 먹을 때 몸속에 들어온 염분을 밖으로 내보내지요. 염선에서 방출된 짠 액체는 콧구멍을 거쳐 부리의 홈을 따라 흘러내려요.

자이언트풀머갈매기의 부리에서 염분을 머금은 물이 떨어지고 있어요.

잠수바다제비

슴샛과는 대부분 수면 가까이 낮게 날면서 먹잇감을 낚아채요. 하지만 잠수바다제비는 최대 수심 80미터까지 잠수하지요. 그리고 이 새는 다른 친척 종들과 달리 몸집이 작고 날개폭이 짧아서 먼 거리를 날기보다는 해안과 가까운 곳에서 먹이를 사냥해요. 물속에 잠수할 때는 날개를 반쯤 접어 노처럼 사용하지요.

사우스조지아잠수바다제비는 발이 바닷물에 닿을 만큼 수면 가까이 날아요. 그래서 마치 물 위를 걷는 것처럼 보이지요. 이 새를 뜻하는 영어 'Petrel'은 물 위를 걸었다고 전해지는 '성 베드로(St. Peter)'에서 유래되었어요.

알고 있나요? 나그네앨버트로스는 조류 가운데 날개폭이 가장 길어요. 최대 3.7미터나 되지요.

나그네 앨버트로스 알아보기

몸길이 107~135센티미터
분포 남극해, 대서양, 인도양, 태평양
서식지 탁 트인 대양 (섬에 둥지를 만듦)
먹이 오징어, 물고기, 갑각류, 선박에서 나온 쓰레기
생태 현황 고기잡이 그물망에 얽히는 사고나 환경 오염 때문에 개체 수가 줄어들고 있음

나그네앨버트로스

검은눈썹앨버트로스는 진흙으로 기둥 모양의 둥지를 만들어요.

검은눈썹앨버트로스는 다른 친척 종들에 비해 부리 양쪽에 있는 관 모양의 콧구멍이 작아요.

검은눈썹앨버트로스는 알을 1년에 1개만 낳아요. 새끼는 둥지에서 약 4개월간 머무르며 어미의 보호를 받지요.

119

가마우짓과

바다를 터전으로 살아가는 가넷, 얼가니새, 가마우지, 군함조는 캘리포니아 남부에서 페루 북부에 걸친 태평양과 갈라파고스 제도에 분포해요. 중간 이상의 큰 몸집을 가졌고 부리가 구부러졌거나 원뿔 모양이지요. 발가락 4개 모두 물갈퀴가 발달했고, 먹이가 보이면 빠르게 내려가 곤두박질치며 뛰어들어요. 수면에서 물고기를 낚아채는 군함새를 제외하면 모두 잠수에 아주 뛰어나지요.

갈라파고스 제도에 서식하는 갈라파고스가마우지는 헤엄을 잘 치는 쪽으로 진화했어요. 그 바람에 하늘을 나는 능력은 잃어버렸지요.

잠수 방식

가마우지는 물갈퀴가 달린 튼튼한 발을 이용해 최대 수심 45미터까지 내려가요. 반면 가넷과 얼가니새는 높은 곳에서 물속으로 곧장 뛰어들지요. 그래서 부리 바깥쪽에 콧구멍이 없어요. 바다에 풍덩 뛰어들 때 부리에 물이 들이치기 때문이지요. 대신 콧구멍이 아니라 입으로 숨을 쉬어요. 또 얼굴과 가슴에 쿠션 역할을 하는 공기주머니가 있어요.

북방가넷은 최대 45미터 높이에서 물속으로 뛰어들어요. 수면과 충돌할 때 순간 속도가 시속 100킬로미터에 이른다고 해요.

붉은발얼가니새 알아보기

- **몸길이** 65~75센티미터
- **분포** 대서양, 인도양, 태평양
- **서식지** 탁 트인 열대 바다와 섬
- **먹이** 작은 물고기와 오징어
- **생태 현황** 멸종 위기에 놓이지 않음

붉은발얼가니새

갈라파고스가마우지는 부리가 길고 발가락 사이에 물갈퀴가 있어요. 물속에서 커다랗고 튼튼한 발로 헤엄치며 물고기를 잡아먹지요.

갈라파고스가마우지의 날개는 큰 덩치를 띄우기에 너무 작아요. 날개 길이가 최대 1미터밖에 안 돼요.

군함조

군함조는 총 5종이 있으며, 열대와 아열대 지방의 바다 근처에 서식해요. 짝짓기 시기가 되면 외딴섬에 최대 5,000마리의 군함조 무리가 몰려들어요. 수컷은 선명한 붉은색 목주머니를 가지고 있어요. 암컷에게 구애할 때 목주머니를 부풀리고 머리를 들어 올린 다음 날개를 펴서 흔들지요.

수컷 큰군함조가 암컷에게 구애하고 있어요.

알고 있나요? 얼가니새를 칭하는 영어 'Booby'는 멍청이를 뜻하는 스페인어 'BoBo'에서 유래했어요. 항해 중인 선박에 내려앉아 선원들에게 잡아먹히는 일이 많았거든요.

바다오리

사람들은 오리를 민물에 서식하는 새로 여기지만, 약 20종의 오리는 해안 근처 바다에서 생활해요. 오리는 몸통이 넓적하고 둥그스름해서 수면에 쉽게 떠오를 수 있어요. 발에 물갈퀴가 달려 있고 다리 힘도 세서 노를 젓는 듯한 동작도 할 수 있지요.

잠수하는 오리들

민물에 사는 오리들은 대부분 얕은 물에서 몸을 수그려 먹이를 먹어요. 꼬리는 공중에 떠 있고 머리만 물 밑바닥에 닿지요. 이렇게 물장난을 치듯이 움직이는 오리들은 대부분 수초를 먹으며 살아요. 반면 바다오리는 대부분 잠수에 능하지요. 바다에 사는 동물을 사냥하기 위해 깊은 바닷물에 들어가는 것은 물론, 바다 밑바닥까지 잠수해요. 이런 오리는 보통 물 위에서 머무는 오리에 비해 발이 더 크고 몸통이 뒤쪽으로 쏠려 있어요. 그래서 땅 위에서는 뒤뚱거리며 어색하게 걷지요.

참솜깃오리는 물속으로 잠수해 홍합을 통째로 삼켜요. 홍합 껍데기는 모래주머니로 불리는 근육질 위장에서 잘게 부서지지요.

검둥오리는 대서양 북부의 해안에서 겨울을 나요.

쓸모가 많은 부리

오리는 다른 새들과 마찬가지로 이빨이 없기 때문에 먹이를 통째로 삼켜요. 그래도 부리와 턱이 튼튼해서 식물을 뜯거나 먹잇감을 꽉 붙들 수 있지요. 오리의 부리 모양은 종마다 조금씩 달라요. 검둥오리는 크고 넓은 부리로 진흙 속을 찔러서 껍질이 단단한 갑각류와 연체동물을 잡아먹지요. 반면 물고기를 먹는 비오리는 부리가 길고 얇으며 가장자리가 들쑥날쑥한 톱니 모양이에요. 그래서 미끄러운 먹잇감을 꽉 붙드는 데 도움이 되지요.

바다비오리는 작은 연어나 송어를 사냥해요.

혹부리오리는 주로 수심이 낮은 강 하구나 해안의 갯벌에서 살아요.

앞 발가락 3개는 물갈퀴로 연결되어 있고 나머지 발가락 1개는 뒤쪽으로 아주 작게 나 있어요.

수컷 혹부리오리는 부리가 선명한 붉은색이에요. 이 부리로 땅을 파 연체동물과 갑각류, 곤충을 잡아먹지요.

안경솜털오리 알아보기

몸길이 52~57센티미터
분포 북극해와 태평양 북부의 탁 트인 바다
서식지 해안 근처 바닷물에 서식하면서 습지에 둥지를 만듦
먹이 연체동물, 갑각류, 곤충, 풀, 산딸기류
생태 현황 기후 변화로 개체 수가 줄어들고 있음

안경솜털오리

알고 있나요? 과거에는 두텁고 부드러운 깃털을 얻기 위해 솜털오리를 많이 사냥했어요. 이 깃털은 이불을 만드는 데 쓰였지요.

퍼핀류

퍼핀은 바다오리, 작은바다쇠오리와 함께 바다쇠오릿과에 속해요. 날개를 노처럼 사용해 물속으로 빠르게 잠수하지요. 하늘에서는 높이 날기 위해서 짧은 날개를 빠르게 퍼덕거려야 하지만요. 땅 위에서는 꼿꼿이 선 펭귄 같은 자세로 어설프게 걸어요.

댕기바다오리는 짝짓기 시기가 되면 암컷과 수컷 모두 깃털을 길게 길러요.

알 낳기

바다쇠오릿과는 대부분의 시간을 먼 바다에서 보내요. 하지만 짝짓기 시기에는 육지로 돌아와 해안을 따라 무리를 이루지요. 그리고 다음 해에도 같은 상대와 짝짓기를 해서 1년에 알을 딱 1개만 낳아요. 알은 벼랑에 튀어나온 바위나 바위 틈새에 둥지를 만들어 낳는데, 이렇게 하면 천적의 눈에 잘 띄지 않기 때문이에요.

큰부리바다오리는 바닷가 벼랑에서 선반처럼 튀어나온 바위에 알을 낳아요. 알은 한쪽 끝이 뾰족해서 벼랑 밖으로 굴러 떨어지지 않지요.

패러키트오클리트 알아보기

- **몸길이** 23~26센티미터
- **분포** 북태평양
- **서식지** 탁 트인 바다와 해안 절벽, 암석 해안
- **먹이** 해파리, 갑각류, 작은 물고기
- **생태 현황** 일부 섬에 우연히 쥐가 들어오면서 개체 수가 줄고 있음

패러키트오클리트

알고 있나요? 1852년경에 사냥꾼들이 부드러운 날개와 알, 고기를 얻기 위해 큰바다쇠오리를 마구 사냥했어요. 그 바람에 하마터면 큰바다쇠오리가 멸종할 뻔했지요.

댕기바다오리는 날개가 짧지만 몸이 다부져서 벼랑에서 공중으로 발돋움해 날아오를 수 있어요.

짝짓기 시기가 끝나면 발의 색깔이 선명한 붉은색에서 조금씩 옅어져요.

날쌔게 잠수하는 새들

바다쇠오리는 물속에서 빠르게 헤엄칠 수 있어요. 그래서 대구, 청어, 양미리처럼 잽싼 물고기들도 사냥할 수 있지요. 바다쇠오리는 잠수하는 동안 숨을 참아야 하기 때문에 유선형의 몸을 비스듬히 기울여 원하는 수심까지 최대한 빠르게 내려가요. 그런 다음 날개를 위아래로 퍼덕여 방향을 바꾸면서 먹잇감을 쫓아가지요.

바다오리는 수심 180미터까지 잠수할 수 있지만 물속에 200초 이상 머무르지 못해요.

펭귄

펭귄은 돌고래의 지느러미발처럼 생긴 작은 날개를 갖고 있지만 전혀 날지 못해요. 일생의 75퍼센트에 해당하는 기간을 바다에서 헤엄치면서 보내지요. 대부분의 종이 남반구의 차가운 바닷물 속에서 살지만, 몸속의 지방층과 방수 기능이 있는 두터운 깃털 덕분에 몸을 따뜻하게 유지할 수 있어요.

펭귄의 사냥

펭귄은 물속으로 잠수해 들어가 물고기, 오징어, 크릴새우를 사냥해요. 키가 110센티미터나 되고 펭귄 가운데 가장 덩치가 큰 황제펭귄은 수심 565미터까지 잠수해 최대 22분까지 머무를 수 있어요. 반면 키가 33센티미터 정도에 덩치도 작은 쇠푸른펭귄은 헤엄치는 속도가 느리고 숨을 오래 참기 힘들어요. 그래서 수면 근처에서 먹잇감을 사냥하지요. 모든 펭귄은 물속에서 헤엄치면서 부리로 먹이를 잡아 통째로 삼켜요.

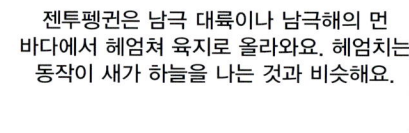

젠투펭귄은 남극 대륙이나 남극해의 먼 바다에서 헤엄쳐 육지로 올라와요. 헤엄치는 동작이 새가 하늘을 나는 것과 비슷해요.

뛰어난 사회성

펭귄은 사회성이 뛰어나요. 다른 펭귄과 함께 어울려 사냥하고, 잠자고, 둥지를 만들지요. 대부분의 펭귄은 짝짓기를 할 때만 육지로 올라오는데, 이때 대규모로 떼를 짓느라 무척 시끌시끌해요. 펭귄은 다음 해에도 같은 상대와 짝짓기를 하기 위해 육지에 돌아와요. 하지만 암컷은 상대 수컷이 건강하지 않거나 약해 보이면 매몰차게 버려요. 건강의 지표가 되는 큰 덩치와 낮은 울음소리, 밝은 깃털을 가진 펭귄만이 짝짓기에 성공하지요. 이렇게 해서 태어난 펭귄 새끼는 부모의 헌신적인 보살핌을 받아요.

남극해의 자보도프스키섬은 턱끈펭귄과 마카로니펭귄의 서식지예요. 무려 120만 마리의 펭귄들이 전 세계에서 가장 큰 무리를 이루고 살지요.

용어 설명

- **강장**
자포동물의 체벽과 내장 사이에 있는 빈 곳을 일컬어요. 먹이를 소화하고 찌꺼기를 배출하는 기능이 있어요.

- **경계색**
동물이 자신을 공격하려는 천적에게 겁을 주기 위해 내는 몸의 색깔이나 무늬예요.

- **관족**
몇몇 무척추동물이 몸을 움직일 때 사용하는 작은 관 모양의 부속지예요.

- **동화 작용**
식물이 공기 중의 이산화탄소와 뿌리에서 흡수한 물로 잎의 엽록체 안에서 빛 에너지를 이용해 탄수화물을 만드는 거예요.

- **만조와 간조**
달의 인력이 바닷물을 끌어당기기 때문에 해안에서 바닷물이 차오르고 빠지는 현상이에요.

- **반대 조명**
앵무조개, 오징어, 낙지 같은 연체동물이 자신보다 아래쪽에 있는 생물들의 눈을 속이기 위해 '생물 발광'을 사용하는 거예요.

- **부속지**
더듬이처럼 동물의 몸통이나 머리에 가지처럼 붙어 있는 기관이나 부분이에요.

- **분비샘**
몸속에서 어떤 물질을 만들어 내거나 방출하는 기관이에요.

- **연골질**
단단한 뼈 대신 잘 구부러지는 연골로 이루어진 골격을 말해요.

- **영양체**
생물 개체의 영양에 관계하는 기관을 뜻해요. 종자식물은 뿌리, 줄기, 잎 따위가 해당되며 동물은 생식 기관 이외의 부분을 가리켜요.

- **온실 기체**
태양열이 지표면에서 흡수된 후 다시 지구 밖으로 빠져나가는 것을 막는 기체예요. 이산화탄소, 메탄, 프레온 가스, 아산화질소, 수증기 따위가 여기에 속해요.

- **외골격**
일부 무척추동물의 몸을 덮고 있는 단단한 피부 부속물이에요.

- **유생**
몇몇 무척추동물이 성체가 되기 전에 거치는 단계로 성체와는 겉모습이 매우 달라요.

- **조간대**
만조 때의 해안선과 간조 때의 해안선 사이의 구역을 말해요.

- **종자식물**
생식 기관인 꽃이 있고 열매를 맺으며, 씨로 번식하는 고등 식물이에요. 겉씨식물과 속씨식물로 나뉘어요.

- **지방층**
물에 사는 포유류나 펭귄의 몸에서 발견되는 두터운 지방층으로 몸을 따뜻하게 유지하는 데 도움이 돼요.

- **촉수**
사물을 잡거나 감지하는 데 사용하는 길고 얇은 신체 부위예요.

- **큐티클**
생물의 체표 세포에서 분비하여 생긴 딱딱한 층이에요. 몸을 보호하고 수분의 증발을 막아 주지요.

- **키틴질**
곤충류나 갑각류의 외골격을 이루는 물질이에요.

- **폴립**
강장동물의 기본적 체형으로, 산호처럼 움직이지 않고 고착 생활을 해요. 몸은 원통형이고 입 주위에 촉수가 나 있으며, 입으로 취한 먹이는 체내의 넓은 강장에서 소화시켜요.

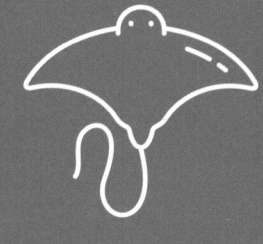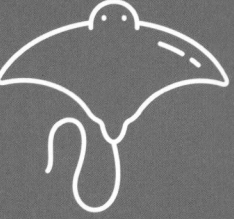